An Easy and Useful Patent Course for Chemistry Researchers

化学研究者のためのやさしくて役に立つ 特許講座

せとうち国際特許事務所
中務茂樹
Shigeki Nakatsukasa

化学同人

まえがき

　「化学の特許はおまかせ！中務先生のやさしいカガク特許講座」という連載を，化学同人発行の月刊『化学』で2019年から２年余りにわたって続けました．その内容を整理して組み立て直したのが本書です．

　弁理士の仕事をしていると多くの発明者に会います．私の場合，その多くは化学の研究者です．大企業，中小企業，大学，公設研究機関など，その所属はさまざまですが，多くの方の特許知識が十分ではないと感じています．一方で，研究が本業なのだから特許知識など知財部任せ，あるいは弁理士任せで十分だ，という気持ちもよく理解できます．かつての私もそうでした．

　他社の特許があれば新製品を販売できないし，自社の特許がなければ新製品を模倣されますから，ビジネスで特許が重要なことは皆さんご存知なのですが，いざ特許出願となると作業量も多く億劫なものです．そして，特許制度を勉強するとなるとさらに億劫になることもよくわかります．

　これまで，大学や地方自治体などが開催する特許セミナーを行ってきました．これが技術系の人には難儀なようで，正しい法律用語を使って正確に伝えようとすればするほど，受講される方の目が閉じていきます．一方，ノーベル賞受賞者の特許の話や，著名研究者の特許訴訟の話など，本論から外れた特許関連トピックスの話をすると，皆さんちゃんと寝ずに聞いてくれます．

　書籍であってもその点はセミナーと同じであり，眠くならずに読めることが大事です．読者の多くは特許が本業ではないのですから，本書は，楽に読めて知識が身に付くものを目指しました．そうして作成した本書の書名は，「化学研究者のためのやさしくて役に立つ特許講座」です．少し長いこの書名には，私と編集者の想いがこめられています．

　まず，「やさしい」特許講座にするために工夫したのが体裁です．４〜６ページという短い講義を23講並べる形にし，１講を短時間で読み切れるようにしました．また，本文中で引用する法令の条文を文頭に記載して，法律と実務の関連を把握しやすくしました．さらにそれぞれの講義の後には，講義内容に関連する雑談ともいえる小コラム「休憩時間」を付しました．そしてこれら23講をPart I からPart VIIの７部に分けて，２部おきに大コラム「特別講義」を挟み，少し大きなトピックスを記載しました．これら大小のコラムには，本論からそれた話題が満載で，ついつい脇道にそれてしまう講義のイメージで編成しました．

そして，「化学研究者のための」特許講座にしました．特許制度を理解してもらうためには法律（特許法）の説明が避けられませんが，ともすればその説明は抽象的になりやすく，初心者の方には読みづらいものとなってしまいます．技術的な具体例を示しながら解説することが有効なのですが，技術分野に馴染みがないと，その具体例自体に興味が持てません．そこで，技術的な具体例をすべて化学に関するものにして，化学研究者の方がピンとくるようにしました．さらに，できるだけ図表を使用して特許独特の権利範囲の考え方などを理解できるように工夫しました．

本書では，化学研究者が知っておくとよいテーマを23講選定しました．そして，Part I（制度趣旨），Part II（特許される発明），Part III（出願準備），Part IV（出願書類），Part V（審査），Part VI（メディカル），Part VII（権利活用）という順に，特許出願の作業ステージ順にグループ化してまとめました．興味のあるところをどこから読んでも構いません．たとえば進歩性について知りたいのであれば，第5，6講だけを読んでもよいですし，Part II全体を読んでもよいと思います．

書名では「化学研究者のための」となっていますが，研究者だけでなく，発明者に読ませたいと思う知財部門の方にもぜひ読んでいただきたいと思います．社内，学内の知財教育の助けにしていただければ，と思います．

本書を読まれた方が「読みやすかった．特許についてわかったような気がする．」というような感想をもってくださるのであれば，これにより書名の「役に立つ」特許講座が実現することとなりますので，筆者としては嬉しい限りです．

最後になりますが，化学同人編集部に私を紹介して下さったのは高井和彦先生（岡山大学名誉教授）です．京都で「助手と院生」という関係だったのが，その後，それぞれ岡山に移って「発明者と代理人」という関係になり，その次は本を書くきっかけをいただきました．また，ご担当の大林史彦様をはじめとする化学同人編集部の皆様には，連載当初から本書の刊行まで懇切丁寧にご指導いただきました．この場を借りて，お世話になった皆様方に深く感謝いたします．

2023年7月

中務　茂樹

目次

Part I . 特許制度　*1*

「そもそも，特許って何のためにあるの？」
～まずはその目的を知りましょう～

第①講　特許制度と発明　*2*

　休憩時間 ヒトのDNA断片は特許されるのか？　*6*

第②講　特許権以外の知的財産権　*7*

　休憩時間 知的財産権，知的所有権，産業財産権，工業所有権　*13*

　特別講義① 2019年ノーベル化学賞　リチウムイオン二次電池関連特許
　　　　　　　―広く強い権利を得るための戦い―　*14*

Part II . 特許される発明　*17*

「大発明だけが特許されるわけじゃない」
～簡単に思いつかない新しい発明が特許されるというけれど～

第③講　新規性とは？（前編）　*18*

　休憩時間 新規性喪失の例外　*22*

第④講　新規性とは？（後編）　*23*

　休憩時間 除くクレーム　*27*

第⑤講　進歩性とは？（前編）　*28*

　休憩時間 弁理士の語る進歩性　*34*

第⑥講　進歩性とは？（後編）　*35*

　休憩時間 効果の掘り起こし　*40*

Part Ⅲ. 特許出願の準備 *41*

「特許出願する前にやっておくべきことがある」
〜発明が完成した！でもどうしたら特許出願できるのか？〜

第⑦講　特許出願をするためには？　*42*

休憩時間 青色発光ダイオード訴訟　*46*

第⑧講　特許公報と特許調査　*47*

休憩時間 「STAP細胞」を事前に知ることができた？　*52*

第⑨講　特許出願に必要な実験データとは？　*53*

休憩時間 実験データの後だし　*58*

第⑩講　共同出願について　*59*

休憩時間 共同出願の代理人　*64*

特別講義② 2020年ノーベル化学賞　CRISPR-Cas 9 関連特許
　　　　　　―有用な技術であるがゆえの権利の複雑さ―　*65*

Part Ⅳ. 特許出願書類 *67*

「特許請求の範囲と明細書の意義を理解しよう」
〜書類作成は面倒くさいし，読んでもわかりにくいけれど〜

第⑪講　特許請求の範囲とは？（前編）　*68*

休憩時間 「請求項なんて日本語じゃない！」　*72*

第⑫講　特許請求の範囲とは？（中編）　*73*

休憩時間 製造方法を特許出願すべきかどうか？　*77*

第⑬講　特許請求の範囲とは？（後編）　*78*

休憩時間 請求項の数とお金の関係　*82*

第⑭講　明細書の書き方（前編）　*83*

休憩時間 実施例はどこまで詳しく書くべきか？ *88*

第⑮講 明細書の書き方（後編） *89*
休憩時間 明細書作成の流儀 *94*

Part **V**. 特許出願の審査と外国への出願　*95*

「特許出願してから特許されるまで」
〜日本や外国の審査官とのロンリ的戦い〜

第⑯講 審査手続について *96*
休憩時間 審査官は忙しい *101*

第⑰講 外国への特許出願について（前編） *102*
休憩時間 外国出願の代理人 *108*

第⑱講 外国への特許出願について（後編） *109*
休憩時間 明細書の英訳文の読みにくさ *115*
特別講義③ 「オプジーボ®」特許について―産学連携の成果配分の難しさ― *116*

Part **VI**. メディカル発明の特殊性　*119*

「医療関係の発明は特別扱い」
〜治療方法や医薬品の特許に特別ルールが設けられているのはなぜ？〜

第⑲講 メディカル関連特許の特殊性 *120*
休憩時間 強制実施権 *124*

第⑳講 医薬特許について *125*
休憩時間 ジェネリック医薬品 *130*

Part VII. 特許権の活用　*131*

「第三者との関係において特許を活かそう」
～特許を取ったらそれで一件落着，ではない～

第㉑講　特許権侵害への対処法　*132*

休憩時間 特許権侵害訴訟の実態　*138*

第㉒講　第三者の特許への対抗手段　*139*

休憩時間 守れる知財部門　*145*

第㉓講　ライセンス契約について　*146*

休憩時間 実施料について　*151*

特別講義④　特許関係の仕事—意外と身近な特許のお仕事—　*152*

索引　*155*

Part I
特 許 制 度

「そもそも，特許って何のためにあるの？」
〜まずはその目的を知りましょう〜

　「特許」という言葉は，みなさんご存知だと思いますし，研究成果を実際に特許出願した人もいるでしょう．多くの人は，特許制度とは発明者の功績に対して独占権が与えられるという発明者にとってありがたい制度だと思っているかもしれませんが，それほどお人好しの制度ではありません．発明者の利益よりもむしろ国の利益を重視していて，技術革新によって国の産業を発達させるための仕組みなのです．この点をよく理解しておくことが，特許制度を利用し活用するうえでとても重要です．

　ここではまず，特許制度が設けられた目的について理解しましょう．そして「発明」とは何か，「知的財産権」には特許権以外にどのようなものがあるのかについても確認しておきましょう．

▶第①講　特許制度と発明
▶第②講　特許権以外の知的財産権

第①講　特許制度と発明

関連するホーリツ

特許法

第1条（特許法の目的）
　この法律は、発明の保護及び利用を図ることにより、発明を奨励し、もって産業の発達に寄与することを目的とする。

第2条第1項（「発明」の定義）
　この法律で「発明」とは、自然法則を利用した技術的思想の創作のうち高度なものをいう。

独占禁止法

第1条（独占禁止法の目的）
　この法律は、私的独占（中略）を禁止（中略）することにより、公正且つ自由な競争を促進し、（中略）一般消費者の利益を確保するとともに、国民経済の民主的で健全な発達を促進することを目的とする。

第21条（独占禁止法と特許法等との調整）
　この法律の規定は、著作権法、特許法、実用新案法、意匠法又は商標法による権利の行使と認められる行為にはこれを適用しない。

❗特許制度

　「特許」という言葉は中学生でも知っていますが、実際に特許にかかわったことのある人はそれほど多くないでしょう．特にアカデミックな研究をしている人にとっては、縁遠いものかもしれません．もちろん、企業で研究開発している人ならば特許はお馴染みでしょうが、案外とその制度の趣旨を知らないものです．

　さて、日本の特許制度は明治18（1885）年に「専売特許条例」が制定されたことに始まります．これは読んで字のごとく「専ら売ることを特別に許す」制度ですが、その後「専売」が外れて「特許」だけになりました．独占実施権を付与するという趣旨からは「専売」のほうがわかりやすいようにも思うのですが、「特許」だけが残ったために少々曖昧な言葉になってしまったようです．「特許権」とは、特許された発明を独占排他的に実施することができる権利のことをいいます．そのため、特許を取得することによって発明を独占実施して利益を得ること、すな

わち私人の利益を図ることが特許制度の本質であると思っている人も少なくない
でしょう．しかし，それでは制度の一面を見ているにすぎないのです．

　「関連するホーリツ」に載せている特許法第1条にこの法律の目的が記載され
ています．ここに書いてある「保護と利用を図る」がポイントです．すなわち，
特許権者は新しい発明を世の中に公開する代わりに得た特許権で「保護」され，
第三者は公開されたその発明をビジネスや研究に「利用」できる，というしくみ
です（図1.1）．これによって，独占権を取得してビジネスを成功させたいという
欲をもった人が，新技術を「門外不出」とせず，いち早く公表するのです．

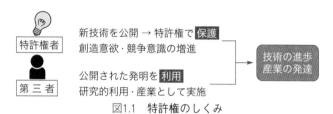

図1.1　**特許権のしくみ**

　このように，国は自国の技術を進歩させ，産業の発達を促すという法の目的を
達成するために特許制度を導入しています．「特許権」という名のエサをぶら下
げて虎の子である新技術を公表させるという，人間の欲につけ込んだ制度が特許
制度である…といってしまっては，少しいいすぎでしょうか．

　一方で「独占禁止法」では，ビジネス上の過度な独占は自由競争を損なうとし
て，これを禁止しています．これに対して特許法は，発明の独占実施を許可する
ものです．これらの法律はどのように使い分けられているのでしょうか．

　独占禁止法第1条（関連するホーリツ）を見てみましょう．ここでは，私的独
占を禁止することによって，国民経済の発達を促進することを目指しています．
目指す方向は特許法と似ていますが，その手法は特許法とは真逆です．そのため，
独占禁止法第21条には，独占を禁止する法律と独占を許可する法律を併存させる
ための調整規定が設けられています．

　ここまでをまとめると，特許権とは，より一般的な法律である独占禁止法の網
に，正反対の手法で開けられた穴だということができます．「特別に許された権利」
である「特許権」を例外的に与えてまで，産業を発達させようというのが，特許
制度の趣旨なのです．

❗ 発明

特許権は「発明」についての独占権ですが，そもそも発明とはなんなのでしょうか．特許と同様に，だれでも知っている言葉である「発明」．エジソンの白熱電球も，抗生物質のペニシリンも，スマートフォンの内蔵カメラも，それらが発明であることに疑問をもつ人はいませんよね？ 身のまわりは発明品であふれていて，発明を例示すること自体は誰にとっても簡単です．

しかし，発明と発明でないものとのボーダーラインはどうなっているのでしょうか．法律というものは，用語を定義するのが好きですから，特許法でも第2条第1項（関連するホーリツ）で「発明」を「自然法則を利用した技術的思想の創作のうち高度なもの」と定義しています．でも，法律の条文は，かえってわかりにくいですよね…．ということで，以下でやさしく説明していきましょう．

❗「自然法則を利用」すること

まず，発明は「自然法則を利用」していなければなりません．特許法において，単なる「人為的な取り決め」は自然法則を利用していないとされます．したがって，ある営業マンが素晴らしく革新的な販売方法の新アイデアを考えだしたとしても，それは自然法則を利用していないため発明ではない，という理由で特許されません．たとえば，購入者の年齢，性別，職業，住所などをパラメータとし，難解な高等数学を駆使して導きだされた数式を用いて，購入者ごとに値引き率を決めると利益が増加することを見いだしたとしても，それはしょせん人為的な決めごとであって自然法則を利用していないとして特許されません．化学や物理と違って，数学自体は自然法則を利用していないのです．

「えっ，じゃあビジネスに関するアイデアの特許ってないの？」と思われるかもしれませんが，そうではありません．先ほどのアイデアを「単なる販売方法」としてではなく，その販売方法を実施するための情報処理技術として捉えるとどうでしょうか．コンピュータを用いた演算やインターネットを用いた通信などは，自然法則を利用した発明ですから，それらを用いて実現されたビジネス方法もまた発明であるとして特許されます．これが「ビジネス関連発明」と呼ばれるものです．先ほどの営業マンのアイデアについては，情報処理技術の専門家に協力してもらい，購入者情報をインプットすれば最適な値引き率が自動計算されてアウトプットされるコンピュータシステムを組めば，その具体的なシステム構成に関する特許が得られます．このように，情報処理技術を利用するという体裁をとれ

ば，ビジネス上のアイデアであっても特許されて実質的に保護されうるのです．

　そのような特許の代表的なものとしては，Amazon社の「ワンクリック（1-Click 注文システム）特許」などがあげられます．私もついつい1-Clickしてムダ遣いをしてしまうので，その効果を実感しています．Amazon社はこのように情報処理技術をうまく組み込んで特許を取得し，新ビジネスの成長に役立てたのです．

●「創作」であること

　次に，発明は「発見」ではなく「創作」でなければなりません．ここは学術論文との大きな違いです．以下で具体例を検討しながら考えてみましょう．

　たとえば，裏山で発見した新種の昆虫は，単なる発見であり発明ではありませんが，裏山の泥のなかから見つけた新種の細菌は発明です．どちらも自然界にいる生物なのに，どうしてこのような差があるのでしょうか．ここで鍵となってくるのが「創作性」という言葉です．

　かつて私は，界面活性剤の流れ込む下水処理場の汚泥のなかから発見された，界面活性剤を分解する能力に優れた細菌の特許出願を代理したことがあり，その際は細菌そのものが特許されました．これは，細菌を単離する操作に「創作性」が認められたということです．また，植物の根から抽出した化合物も，それが有用な新規化合物であれば天然の化合物であるにもかかわらず特許されます．これも化合物を抽出する操作に「創作性」があるという考え方です．

　このように，天然物であっても抽出や単離の操作を経ることによって「創作性」が認められ，発明とされるのです．ヒトから単離したDNAの断片もまた，その単離操作に創作性があるので発明です．人体の設計図たるDNA断片を特許して私人に独占させることに違和感を抱く人も少なからずいるでしょうが，病気に関連するヒトのDNA断片は，薬の開発に役立つものとして特許されます．ところが少し前に，アメリカの最高裁でヒトのDNA断片は天然物であるから特許されない，という判断が示されました（「休憩時間」参照）．

　一方，動物であっても，天然物でなければ創作されたものという扱いになります．遺伝子を改変されて糖尿病を発症しやすくなった糖尿病モデルマウスは，創薬研究の役に立つので特許されます．

　ここで前述の裏山で見つかった新種の昆虫に話をもどしてみましょう．もし，この昆虫が害虫の駆除に有益だとしたらどうでしょうか．このような場合であっても，昆虫自体は天然の生き物なので特許されませんが，「害虫の駆除方法」や「特

定の昆虫を含む生物農薬」という発明であれば特許されます．つまり，出願するときの発明の捉え方次第で，通常は特許されないものも特許される場合があるのです．みなさんの研究テーマのなかにも，切り口を変えれば特許の対象になるものがあるかもしれませんね．

☕ 休憩時間 ヒトのDNA断片は特許されるのか？

　2013年にアメリカの連邦最高裁判所で「天然のDNA断片を単離しただけのものは特許しない」という趣旨の判決がなされました．Myriad Genetics社の保有する，乳がんおよび卵巣がんの発症に関連するヒトDNA断片についての特許を一部無効であると判断したのです．それに基づく遺伝子診断を受けて，女優アンジェリーナ・ジョリーが予防的に乳房を切除したことで著名な特許です．

　この判決以降，アメリカでは天然のDNA断片は特許の対象とされていませんが，日本やヨーロッパなどでは相変わらず特許されています．このように，特許の対象には国や時代によって差があるのです．特許制度には自然科学のような絶対的真理はありません．各国が自国の利益のために取り決めた俗なものですから，国や時代の要請によって変化していくものなのです．

第②講　特許権以外の知的財産権

関連するホーリツとジョーヤク

特許法

第1条（目的）

　この法律は、発明の保護及び利用を図ることにより、発明を奨励し、もって産業の発達に寄与することを目的とする。

商標法

第1条（目的）

　この法律は、商標を保護することにより、商標の使用をする者の業務上の信用の維持を図り、もって産業の発達に寄与し、あわせて需要者の利益を保護することを目的とする。

著作権法

第1条（目的）

　この法律は、著作物並びに実演、レコード、放送及び有線放送に関し著作者の権利及びこれに隣接する権利を定め、これらの文化的所産の公正な利用に留意しつつ、著作者等の権利の保護を図り、もって文化の発展に寄与することを目的とする。

パリ条約（Paris Convention）

第1条（2）（保護の対象）

　工業所有権の保護は、特許、実用新案、意匠、商標、サービス・マーク、商号、原産地表示又は原産地名称及び不正競争の防止に関するものとする。

　さて，知的財産権に含まれるのは特許権だけではありません．ここでは，特許権以外の知的財産権のアレコレについて説明します．

🔔 知的財産権とは？

　知的財産権は，読んで字のごとく「知的」な「財産」についての「権利」です．したがって，人間の知的な活動によって生みだされたものであって，財産的な価値を有し，法律上保護される権利である，と解釈することができます．

　法律上保護される権利ですから，新しい法律ができれば新しい権利が生まれるわけで，近年，知的財産権の範囲がだんだん広がっているように感じられます．

したがって,「知的財産権」という言葉の守備範囲を理解するよりは,知的財産権に含まれる具体的な権利を確認し,それらを含む範囲が知的財産権の範囲であると理解するほうがわかりやすいでしょう.

知的財産権に含まれる権利は,大まかに「創作系」と「ビジネス系」に分かれます.創作系には,新たな創作をすることで得られる権利が含まれており,特許権や著作権などが含まれます.一方,ビジネス系には,商取引上の識別標識として用いられる商標権などが含まれます.「創作系」の権利と「ビジネス系」の権利を,強引に「知的財産権」として束ねているともいえるでしょう.以下,具体的に説明していきます.

❗ 創作系の権利

創作系の権利について,表2.1にまとめました.

表2.1 創作系の権利

知的財産権	保護対象	法律	所管官庁	登録	出願件数 (2022年)	保護期間
特許権	発明	特許法	特許庁	必要	289,530	20年
実用新案権	考案	実用新案法	特許庁	必要	4,513	10年
意匠権	デザイン	意匠法	特許庁	必要	31,711	25年
著作権	著作物	著作権法	文化庁	不要		70年
育成者権	植物品種	種苗法	農水省	必要	848[*1]	25年[*2]
営業秘密	ノウハウ	不正競争防止法	経産省	不要		

＊1 2021年. ＊2 樹木は30年.

① 特許権

概要は第1講で説明しました.「発明」を出願日から20年間保護します.次講以降で詳しく説明します.

② 実用新案権

物品の形状,構造,または組合せについての「考案(小発明)」を保護します.「化学物質」や「製造方法」などのように,一定の形態を有さないものは,物品ではないため登録できません.無審査で登録されますが,権利期間は特許権の半分の10年間です.平成5年の法改正の前はちゃんと審査をしていて,特許出願と肩を並べる出願件数がありましたが,今ではほとんど利用されておらず,出願件

数は特許出願の約65分の1にすぎません.

③ 意匠権

　物品等のデザインを保護します. かつては有体物動産である（形があって不動産でない）「物品」のデザインだけを保護していましたが, 令和元年の法改正によって, 建築物や内装のデザイン, 表示や操作のための画像デザインも保護対象になりました. また同時に, 保護期間も25年に延長され, デザイン保護が強化されています.

　化学の研究開発をしている人には, 一見縁がなさそうな権利ですが, 発明品の形状が従来品と違っていたら, 特許と意匠登録の両方を出願することもできます. 両者は保護対象が異なりますので, 別べつに審査され別べつに登録されます.

④ 著作権

　著作権法第2条第1項第1号では, 著作物を「思想又は感情を創作的に表現したものであって, 文芸, 学術, 美術又は音楽の範囲に属するもの」と定義しています. これらの著作物を保護するのが著作権法です.

　著作権法第1条では, その法目的を「文化の発展に寄与すること」としており, 同じ「創作系」の法律である特許法, 実用新案法, および意匠法が「産業の発達に寄与すること」を目的としているのとは大きく異なります. 所管官庁も, 特許法などが経済産業省の外局の特許庁であるのに対し, 著作権法は文部科学省の外局である文化庁です. 法律の目指すところがまったく異なるのです.

　著作権は, 著作物を創作した時点で発生しますので, 権利を得るための手続は必要ありません. 狭義の著作権は, 複製権, 上映権, 公衆送信権など, 著作物を利用するための具体的な権利を含みます. 狭義の著作権は他人に譲渡することが可能で, たとえばこの本の複製権は, 私から株式会社化学同人に譲渡されます. 一方, 広義の著作権には著作者人格権というものが含まれており, 著作者の了解なく改変したりすることができません. したがって, 化学同人が勝手に書き換えて変な内容になったら, 著作者人格権に基づいて私が訴えることが可能です. このように著作権は, 著作物の利用による文化の発展と, 著作者の権利保護の両面を担っているといえます.

　著作権の保護期間はとても長く, 著作者の死後70年です. ただし著作権を行使するためには, 侵害者がその著作物に基づいて創作したこと（依拠性）を証明す

る必要があり，依拠性が要求されない特許権などとはこの点で大きく相違します．

　化学の研究開発をされているみなさんにおいても，論文を書いたときに著作権が発生していますし，学会発表スライドや会議資料などの作成でも著作権が発生しています．一方，他人の著作権を侵害しているかどうかの判断は，少々ややこしいです．家庭内で仕事以外の目的で使用するために著作物を複製することは許されます（著作権法第30条）が，仕事上の複製は許されません．でも，自らの著作物での正当な引用は許されますし（著作権法第32条），教育上の要請や試験問題作成時など，状況によっては複製が許される場合があります（著作権法第33〜36条）．詳細は文化庁のウェブサイトなどをご参照ください．

⑤ 育成者権

　植物の新品種を育成した者は，農林水産省に出願して品種登録することによって，独占権である育成者権を得ることができます．品種登録の出願件数はそれほど多くなく，年間で1000件未満です．しばらく前に，シャインマスカットの育成者権を海外で取得しなかったために，海外で合法的に生産されていることが問題になりました．

　農業分野も国際化が進んでおり，種苗の海外もちだしを制限できる改正種苗法が，2020年に国会で成立しました．また，［特別講義］で，2020年にノーベル化学賞を受賞したCRISPR-Cas 9に関連する特許について概説したように，近年はゲノム編集した新品種が開発されており，食品の安全性や環境への影響なども含めて問題が生じてきそうです．

⑥ 営業秘密

　新しい発明を特許出願するのではなく，ノウハウとして企業内に秘匿する場合があります．このようなとき，秘密性が保たれているノウハウであれば，営業秘密として不正競争防止法で保護されます．ノウハウを第三者にライセンスする契約を結ぶこともできますし，盗用した者に対して差止請求や損害賠償を求めることもできます．

　特許権のような期限はありませんので，秘密性が保たれていれば，老舗の一子相伝の技術のように長期間にわたって保護されます．

❗ ビジネス系の権利

ビジネス系の権利について表2.2にまとめました.

表2.2　ビジネス系の権利

知的財産権	保護対象	法律	所管官庁	登録	出願件数 (2022年)	保護期間
商標権	商標	商標法	特許庁	必要	170,275	10年[*1]
商号	商号	商法	法務省	必要[*2]	126万[*3]	
商品等表示	著名商標	不正競争防止法	経産省	不要		
地理的表示	地域農産物	地理的表示法	農水省	必要	35[*4]	
営業秘密	顧客リスト など	不正競争防止法	経産省	不要		

＊1　更新可能.　＊2　自然人は任意だが, 法人は必要.　＊3　商業登記件数.　＊4　申請件数(2019年).

① 商標権

　商品やサービス（役務）の出所を表示する識別標識としてのマークやネーミングを商標といい, これを保護する権利が商標権です. 商標権は, 特許権などと同様に特許庁で審査されて登録される産業財産権（コラム参照）ですが, その法目的は「商標の使用をする者の業務上の信用の維持を図り, もって産業の発達に寄与し, あわせて需要者の利益を保護すること（商標法第1条）」とされています. すなわち「創作」とは無縁であり, 会社の信用の維持や消費者の保護を目的とするものですが, 結果として「産業の発達」を目指す点が特許権などと共通しているため, 経済産業省の外局である特許庁が所管しています.

　商品に直接付す商品商標（図2.1a）もありますし, サービス提供時に表示する役務商標（サービスマーク, 図2.1b）もあります. 商標権は, 指定された商品または役務と, マークまたはネーミングとの組合せとして登録されます. したがって, 商品が類似していなければ, 同じマークを他人が商標登録することもできます. 逆に, 登録商標と類似した商品に類似したマークを使えば, 商標権侵害にな

a) 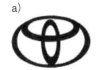　　b)

図2.1　**商標権のいろいろ**
a) 商品商標, b) 役務商標.

ります．権利期間は10年ですが，使用していれば何度でも更新が可能です．

　近年，いろいろなタイプの商標の登録が認められるようになり，平成26年の法改正では，音や色彩も登録されるようになりました．たとえば，最大手のコンビニチェーンの色使いなども小売役務を指定して登録されています．

② 商号

　会社の名称や，商店の屋号のような商号も知的財産であるとされています．

③ 商品等表示

　それを見ただけで，誰でも出所がわかるような著名なマークやブランドであれば，商標登録されていなくても，不正競争防止法で保護されます．著名ブランドを盗用する行為を禁止しているのです．

④ 地理的表示

　地域の農産物などの産品をブランド化するために，農林水産省に出願して地理的表示を登録することができます．平成26年に成立した「特定農林水産物等の名称の保護に関する法律（地理的表示法）」に基づく，最近認められるようになった権利です．現在「夕張メロン」や「米沢牛」のようなブランド農産物などが登録されています．

⑤ 営業秘密

　顧客リストなどのビジネス上の秘密情報も，ノウハウなどの技術的秘密情報と同様に，不正競争防止法で保護されます．

　以上，知的財産権に含まれる権利のアレコレについて説明しました．こうやってまとめてみると，「創作系」と「ビジネス系」とに差がありすぎて，一つの概念に束ねるのには無理があると思ってしまいます．でも，世界共通でそのような束ね方をしているので仕方がありません（休憩時間参照）．知的財産権は幅が広いものだとご理解ください．

☕ 休憩時間　知的財産権, 知的所有権, 産業財産権, 工業所有権

「知的財産権」という言葉が, 一般の人に広く認知されるようになったのは, 知的財産基本法が施行され, 当時の小泉首相を本部長とする知的財産戦略本部が内閣に設置された2003年ごろのことだと思います. 一方そのころから,「工業所有権」が「産業財産権」といい換えられることが多くなりました. これらの言葉について整理しておきましょう.

知的財産権と知的所有権の英訳は, いずれも"intellectual property (right)"であり, "property"が財産と訳されるか所有と訳されるかの違いだけで, ほぼ同義です. また, 産業財産権と工業所有権の英訳は"industrial property"であり, これらもほぼ同義です. したがって, 知的財産権と知的所有権は同じ, 産業財産権と工業所有権は同じだと理解すればよいと思います.

産業財産権は知的財産権のなかに含まれています（図2.2）. 日本の特許庁は, 産業財産権として, 特許権, 実用新案権, 意匠権, 商標権をあげています. 一方で, 各国が加盟しているパリ条約第1条（2）では,「工業所有権（＝産業財産権）の保護は, 特許, 実用新案, 意匠, 商標, サービス・マーク, 商号, 原産地表示又は原産地名称及び不正競争の防止に関するものとする」と規定されていて, 産業とあまり関係のない著作権以外はおおむね産業財産権に含まれるという立場ですので, 日本とは少し違います.

最近は「知財」と略すことも多くなり, 知的財産権は定着しましたが, 産業財産権はいまだに定着しきれていない感じです. 100年以上前にindustrialを「工業」と訳してしまったのを, サービス業がさかんな現代のビジネスに合わせて「産業」に変えようとしていますが, 言葉が時代に追いついていないように感じます.

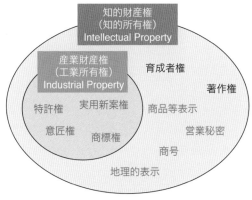

図2.2　**知的財産権と産業財産権の関係**
赤色の文字はパリ条約の工業所有権に含まれるもの.

特別講義①

2019年ノーベル化学賞　リチウムイオン二次電池関連特許
──広く強い権利を得るための戦い──

　2019年のノーベル化学賞の授賞テーマは「リチウムイオン電池の実用化」でした．旭化成名誉フェローの吉野 彰博士が，John B. Goodenough博士，M. Stanley Whittingham博士とともに受賞されたことはご存知でしょう．

　民間企業の研究者であった吉野博士の発明は，当然ながら特許出願されていました．その状況から，特許の世界のバトルを垣間見ることができます．

❗ 特許状況の概略

　旭化成ウェブサイト内の「リチウムイオン二次電池における吉野彰博士の業績」に記載されている主要日本特許5件を，出願日順に並べたものが表1です．

表1　旭化成が出願したおもな日本特許

登録番号	出願日	発明の要旨
①特許第2128922号	1984.5.28	正極活物質として$LiCoO_2$を用い，かつ正極集電体としてアルミニウム箔を用いた非水系二次電池．
②特許第1989293号	1986.5.8	正極活物質として複合酸化物を用い，負極活物質として特定の結晶性炭素質材料を用いた非水系二次電池．
③特許第2668678号	1986.11.8	正極活物質として$LiCoO_2$を用い，負極活物質として②と重複しないカーボンを用いた非水系二次電池．
④特許第2642206号	1989.12.28	微細孔を有するポリエチレンフィルムセパレーターを用いる，インピーダンス値が特定の温度依存性を示す防爆型二次電池．
⑤特許第3035677号	1991.9.13	特定性能のPTCサーミスタ素子を装着した過充電防止安全素子付き二次電池．

　集電体,正・負極活物質,セパレーター，PTCサーミスタ素子と，目的も要素技術も大きく異なる出願がなされていて（図1），「商品化するために必要なことは要素技術にこだわらず何でもやる」という企業研究者の心意気が伝わってきます．このうち，正・負極活物質に関する②の出願戦略を以下で詳しく見ていきましょう．

❗ 特許第1989293号（表1②）の出願戦略

　特許第1989293号の権利化フローを図2に示します．1985年に出願された6件の出願の優先権を主張し，これらを束ねてさらに新たな発明も追加した出願（特

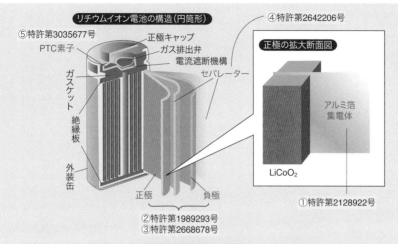

図1　旭化成の主要特許が対象とする部材
旭化成のホームページの図を参考に編集部にて作成.

願昭61-103785）を行っています．出願時の請求項1は以下のとおりでした．

「1．構成要素として少なくとも、正、負電極、セパレーター、非水電解質からなる二次電池であって、下記 I 及び／又は下記 II を正、負いずれか一方の極の活物質として用いることを特徴とする二次電池。
　 I ：層状構造を有し、一般式
　　　$A_xM_yN_zO_2$
（但しAはアルカリ金属から選ばれた少なくとも一種であり、Mは遷移金属であり、NはAl、In、Snの群から選ばれた少なくとも一種を表わし、x、y、zは各々$0.05 \leqq x \leqq 1.10$、$0.85 \leqq y \leqq 1.00$、$0.001 \leqq z \leqq 0.10$の数を表わす。）
で示される複合酸化物。
　 II ：BET法比表面積A（m^2/g）が$0.1 < A < 100$の範囲で、かつX線回折における結晶厚みLc（Å）と真密度ρ（g/cm^3）の値が下記条件$1.70 < \rho < 2.18$かつ$10 < Lc < 120\rho - 189$を満たす範囲にある炭素質材料のn-ドープ体。」

　この請求項の特徴点は，下線を付した「及び／又は」という表現です．I だけを満足するものも，II だけを満足するものも，両方を満足するものも含まれ，広い権利を得ようとする意図が認められます．
　審査では，拒絶理由通知に対して旭化成が請求項を補正することで特許性が認められ，出願公告（特公平4-24831）されました．しかしこれに対し，ユアサコーポレーション，三菱油化，呉羽化学工業，三菱瓦斯化学，大阪瓦斯，松下電器産業，三菱化成，三洋電機，三洋化成工業など，実に13者から異議申立がなされ，

拒絶査定されました．「旭化成に，そんな特許を取らせてなるものか」というところでしょうか．

　それに対して旭化成が拒絶査定不服審判を請求してさらに補正することによって，ようやく特許されました．特許第1989293号の請求項は以下に示すとおりであり，下線部が出願時からのおもな変更部分です．正極活物質を，機能的表現で限定した複合酸化物として広く囲み，負極活物質を比表面積，結晶厚みおよび真密度で規定される特定の炭素質材料に限定した二次電池が特許されました．

「1．正電極、負電極、セパレーター及び非水電解液を有する非水系二次電池であって、下記Ⅰを正電極の活物質として、下記Ⅱを負電極の活物質として用いることを特徴とする二次電池。
　　Ⅰ：充電によりリチウムイオンのディインターカレーションが起こる複合酸化物。
　　Ⅱ：BET法比表面積A（m^2／g）が0.1＜A＜100の範囲で、かつX線回折における結晶厚みLc（Å）と真密度ρ（g／cm^3）の値が条件1.80＜ρ＜2.18、15＜Lcかつ120ρ-227＜Lc＜120ρ-189を満たす範囲にある炭素質材料。」

　一方，拒絶査定不服審判請求の際に2件の分割出願がなされ，その後特許されました（特許第2704841号，特許第2727301号）．また本発明は，米国，欧州などの外国でも特許されました．あの手この手を繰りだして権利化作業を進めたことがよくわかります．

　ノーベル賞級の発明であっても，簡単に広い権利が得られるわけではないことが，おわかりいただけたでしょうか．研究開発のバックヤードで，特許出願の明細書を書き，拒絶理由通知に反論し，山のような異議申立を覆し，拒絶査定不服審判を請求し，分割出願をし，少しでも強い権利を得ようとして戦った旭化成知財部門や特許事務所の人たちの努力が，ノーベル化学賞への道を下支えしたのだと思うのです．

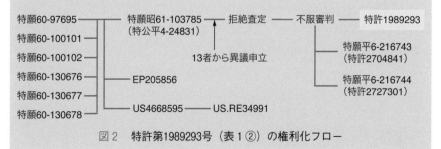

図2　特許第1989293号（表1②）の権利化フロー

Part II
特許される発明

「大発明だけが特許されるわけじゃない」
～簡単に思いつかない新しい発明が特許されるというけれど～

　特許出願した発明が何でも特許されるわけではないし，大発明でなければ拒絶されるというわけでもありません．では，特許される発明と拒絶される発明の分かれ目はいったいどこにあるのでしょうか．

　特許法では，特許するための条件をいくつか定めていて，その中でも重要なのがここで説明する「新規性」と「進歩性」です．つまるところ「新しくて簡単に思いつかない発明が特許される」ということなのですが，担当審査官の主観によって判断がばらついては困りますので，特許庁は「審査基準」というガイドラインを定めて線引きをしています．うまく特許を取得するためには，その線引きの仕方をよく理解しておくことが肝要です．

▶第③講　新規性とは？（前編）
▶第④講　新規性とは？（後編）
▶第⑤講　進歩性とは？（前編）
▶第⑥講　進歩性とは？（後編）

第③講　新規性とは？（前編）

関連するホーリツ

特許法

第29条第1項（新規性）

　産業上利用することができる発明をした者は、次に掲げる発明を除き、その発明について特許を受けることができる。

　一　特許出願前に日本国内又は外国において公然知られた発明

　二　特許出願前に日本国内又は外国において公然実施をされた発明

　三　特許出願前に日本国内又は外国において、頒布された刊行物に記載された発明又は電気通信回線を通じて公衆に利用可能となった発明

第30条（発明の新規性の喪失の例外）

　第1項　特許を受ける権利を有する者の意に反して第二十九条第一項各号のいずれかに該当するに至った発明は、その該当するに至った日から一年以内にその者がした特許出願に係る発明についての同項及び同条第二項の規定の適用については、同条第一項各号のいずれかに該当するに至らなかったものとみなす。

　第2項　特許を受ける権利を有する者の行為に起因して第二十九条第一項各号のいずれかに該当するに至った発明（中略）も、その該当するに至った日から一年以内にその者がした特許出願に係る発明についての同項及び同条第二項の規定の適用については、前項と同様とする。

　本講のテーマは「新規性」です．特許されるためには発明が新しくなければなりませんが，何が新しくて何が新しくないかを判断するのは意外と難しいものです．アカデミックとは少し趣の異なる，特許の世界における新規性の話を前後半に分けて説明していきます．

❶ 新規性

　特許法第29条第1項（関連するホーリツ）によれば，特許出願前に公然知られた発明，公然実施をされた発明，刊行物に記載された発明などは特許されません．特許されるためには，出願時において新しいこと，すなわち「新規性」が求められるのです．

　特許されるためになぜ新規性が求められるのでしょうか？　第1講でも説明しましたが，特許制度は新技術を世の中に公開した者に，その見返りとして独占排他権を与えるものです．したがって，特許出願の際にすでに公になっている発明には，新たに公開される新技術が含まれておらず，もはや特許を与える価値がないのです．

❶ 新規性を失う場面

　発明が新規性を失うのは，「秘密状態」を脱したときであるとされています．したがって，大企業などでなされた発明を関係する大勢の人が知っていたとしても，その全員が守秘義務を負っていれば新規性は保たれます．一方，少数であっても守秘義務のない人に伝わってしまえば，あるいは伝わりうる状況に置かれれば，その発明は新規性を失ってしまいます．

　新規性を喪失させる例を図3.1に示しました．まず代表的な行為として，特許公報，学術論文，新聞などの刊行物への発表（図3.1a）や，学会での口頭発表（図3.1b）などがあげられます．他人がいつ何を発表するのかは予測不能ですから，特許出願は迅速に行う必要があります．この点はアカデミックの世界での論文発表と同じですね．

　小規模な学会や研究会の小冊子や，企業の製品カタログであっても，守秘義務のない者が見られるものであれば新規性を失わせる材料となります．また，営業行為，宣伝行為，販売行為など，さまざまなビジネス活動も新規性を失わせる材料となります（図3.1a）．

　さらに他人の発表行為だけでなく，自らの発表行為によっても新規性は失われます．アカデミックな研究者はとくにこの点に注意が必要です．学会発表や学術

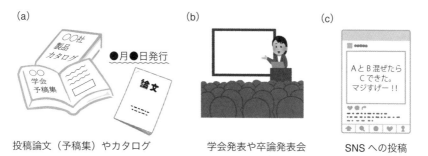

(a)　投稿論文（予稿集）やカタログ　　(b)　学会発表や卒論発表会　　(c)　SNSへの投稿

図3.1　発明が「新規性」を失ってしまう場面の例

論文の投稿などによって自身（研究グループ）の発明を含む研究内容を発表する場合には，それによって新規性を失うことを意識する人が多いですが，危ないのは目立たない発表です．学会発表の日を知っていても，その予稿集の発行日まで把握している人は多くありません．学会前の予稿集発行によって新規性を失い，特許出願が拒絶されてしまうケースはしばしば起こります．

　また，大学で開催される卒業論文や修士論文の発表会を誰でも自由に聴講できるようなオープンな形式で行っていると，新規性を失ってしまうでしょう（図3.1b）．最近だと，研究室に所属する学生がTwitterなどのSNSで「AとB混ぜたらCできた．マジすげー！」と投稿するのもアウトです（図3.1c）．特許法第29条第1項は平成11年に改正されて「電気通信回線を通じて公衆に利用可能となった発明」も新規性なしとされました．法律は時代を追いかけるものなのです．

　さらに，学会発表中にスライドに書いていない現在進行中の研究の内容を語ることによっても新規性は失われることがあります．後で説明しますが，実験データがなくても新規性を否定する材料になる場合があるのです．

　とはいえ，大学などの公的機関は社会に開かれたものであるべきですし，特許出願まで秘密状態を保つために学生から発表の機会を奪うのは本末転倒のような気もします．大学などに身を置かれている方がたは，自身の発明の新規性を失うリスクを認識しながら，バランスのよい取扱いをすることが求められるでしょう．また，自分の発明を発表した場合には救済措置を受けられる場合がありますので，それを活用する手もあります（休憩時間参照）．

❗ 先行文献に記載された発明の捉え方

　かつて私は，化合物を合成する際に主原料以外に特定の薬品を添加するとうまくいくという発明をした大学の先生の特許出願を受任しました．打合せに先立ち調査をしたところ，その化合物の合成時に「添加してもよい」薬品が多数列記されており，その中にその特定の薬品が含まれている古い特許公報を見つけました．ただし，実際に実験をしているわけではなく，可能性があるものをたくさん羅列しているだけです．

　この点を指摘して「こりゃ，新規性がないですね」といったところ，先生は烈火のように怒られて「こんなやる気のない弁理士には任せられない！」と怒鳴りました．ずいぶん昔に公開された特許公報に書かれた発明と同じことをしているといわれて，プライドが傷ついたのかもしれません．いい方を間違えてしまった

なあと，後で反省したものです．

　この例に示される新規性の考え方は，多くのアカデミックな研究者を困惑させ
てきました．学術論文と特許では，新しさの「質」が違うのです．化学やバイオ
などの技術分野では，学術論文に記載されている内容は，実験的に検証されてい
る事実であることがほとんどです．この点は特許も同じで，多くの場合は実験結
果による裏づけがなければ特許されません．しかしながら特許公報には，「自分
が特許される」ためだけでなく，「他人に特許を取らせない」ための記載がなさ
れるのです．これを図3.2を使って説明していきましょう．

　原料Aと原料Bを反応させて化合物Cを得る合成方法を発明した甲は，合成に
成功したところで急いで特許出願をします．しかし当然のことながら，その合成
方法には改良の余地が山ほどあります．触媒Dで反応速度が上昇するかもしれま
せんし，溶媒Eで収率が向上するかもしれません．ここでもし，図3.2に示すよう
に，甲の発明を知った乙や丙にそれぞれ触媒D，もしくは溶媒Eによる改良発明
の特許を取られたら，甲がベスト処方を実施できなくなってしまいます．

　このような事態になるのを防ぐために，実施する可能性のある未検討事項を出
願書類のなかに羅列しておくのです．これによって，他人はそれらの改良発明を
権利化することが困難になります．ビジネス的見地から，新反応を発明して特許
出願した会社が，事業の実施可能範囲が狭くならないように，未検討事項を記載
しているのです．もちろん，多数羅列したもののなかに，特別な効果をもつもの
が含まれていたような場合には，新規性も進歩性も認められて特許される場合が
ありますが，話が複雑になってきますので，深入りはやめておきましょう．

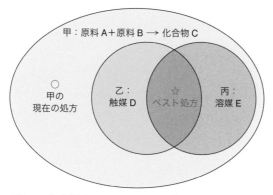

図3.2　合成反応についての甲の基本発明に対する，
　　　　乙と丙の改良発明の関係

このようなケースでは，特許出願人は「うまくいくかどうかわからないこと」を羅列しているだけであって，なんら具体的な検証はしていません．したがって，事実をはじめて実験的に検証した結果を「新しい」と考えるアカデミックな捉え方と前記特許的な捉え方は異なるのです．学術論文と特許公報とではその目的が違うのですから，それを同じ土俵で考える必要はなく，前出の先生も怒る必要などなかったのです．

☕ 休憩時間　**新規性喪失の例外**

特許法第30条には，新規性を失った場合の救済が規定されています．1項は第三者に発明を盗まれて公表された場合など，「意に反する公知」に対する救済規定ですが，これに該当する事例は多くありません．2項は，「特許を受ける権利を有する者の行為に起因して」公知になってしまった場合の救済規定であり，これはぜひ読者のみなさんに知っておいていただきたいです．

2項は，発明をした人やそれを譲り受けた会社がすでに公表してしまっていても，公表から1年以内に特許出願すれば，新規性の審査をする際にその公表はなかったことにしてくれる，というものです．たとえば，学会発表したあとに，興味をもった企業の人がコンタクトしてきたときなどに，この規定を活用して特許出願をすることができます．

かつては国内での学会発表や刊行物発表などしか救済対象になりませんでしたが，平成23年の法改正により，販売行為を含めどのような行為も救済されるようになりました．また平成30年の法改正で，公表から特許出願までの猶予期間が6月から1年に延長されました．公表後1年以内ならなんでも救済されることになりましたので，以前と比べて使える範囲がぐっと広がりました．

ただし，特許出願の際に30条の適用を申請する必要があり，あとから申請することはできません．また，アメリカでは同様に救済されますが，ヨーロッパや中国では救済されませんので，外国出願をする場合には要注意です．

もちろん，このような救済規定に頼ることなく，公表前に特許出願することが望ましいことはいうまでもありません．

第④講　新規性とは？（後編）

特許法

第29条第1項（新規性）

産業上利用することができる発明をした者は、次に掲げる発明を除き、その発明について特許を受けることができる。

一　特許出願前に日本国内又は外国において公然知られた発明

二　特許出願前に日本国内又は外国において公然実施をされた発明

三　特許出願前に日本国内又は外国において、頒布された刊行物に記載された発明又は電気通信回線を通じて公衆に利用可能となった発明

　第3講では，発明における「新規性」についての基本的な考え方を説明しました．本講ではその具体的な判断手法について説明していきます．ここで鍵になるのは，「権利範囲」という考え方です．サイエンスの世界では，一般にトップデータでの性能の高さ，すなわち山の頂上の高さを競いますが，特許の世界では頂上の高さではなく，裾野の広さを重要視します．特許権を活用して第三者の追随を排除できる広い「範囲」を確保することが，ビジネス戦略のうえで重要なのです．

🔔 新規性の判断手法

　特許出願の審査は，「特許・実用新案審査基準」に従って行われます．そこではまず，新規性（新しいこと）を判断し，新しければ次に進んで進歩性（容易に思いつかないこと）を判断します．特許出願の審査は一段階ずつ行われ，その最初のステップが「新規性」の判断なのです．その次のステップである「進歩性」については，後述します．

　審査基準には，「請求項に係る発明と引用発明との対比を行った結果，相違点がなければ新規性を有していないと判断する」とあっさりと書かれていますが，事はそれほど単純ではありません．以降に示す具体例を見ながら考えてみましょう．

❗ 発明の新しさ：「点」と「範囲」の関係

　研究成果を学術論文に投稿する場合でも，発明を特許出願する場合でも，先行文献にすでに記載されているものは「新しくない」と判断されます．新しくない研究成果ではジャーナルの査読をパスできないでしょうし，新しくない発明は特許されないでしょう．このように，「学術論文で要求される新しさ」と，「特許出願で要求される新しさ」はおおむね似ています．しかし，両者のあいだには微妙に異なるところがあり，これが多くの化学研究者を悩ませてきました．その微妙な違いについて詳しく見ていきましょう．

　さて，鉄道ミステリーの名作といえば松本清張の『点と線』ですが，発明の新規性を検討する際に考えるべきは「点と範囲」です．学術論文を作成する際に新しいかどうかを考えるときには，すでに公表されている事実（点）と対比して，今回報告する事実（点）が新しいかどうかを判断するので点と点の比較となります．一方で，特許出願において新しいかどうかを判断すべき対象は「特許請求の範囲」であり「点」ではありません．つまり特許出願の審査では，将来，独占排他権を行使することのできる「範囲」の新しさを審理するのです．

　架空の具体例を考えてみましょう．先行文献にはプラスチックへの添加剤としてサリチル酸［Ph（OH）（COOH）］が記載されていますが，今回，サリチル酸ではなく乳酸［CH_3CH（OH）COOH］を添加することによって顕著な耐久性の向上が確認されました．考察の結果，乳酸が有効なのはどうやらヒドロキシ基とカルボキシ基の両方をもつためと考えられました．このようなとき，特許出願をしようとする会社としては，プラスチック添加剤として「ヒドロキシカルボン酸」の権利がほしいところです．そのために，請求項に「ヒドロキシカルボン酸を含むプラスチック添加剤」と記載し，その実施例に乳酸を用いた実験例を記載することになるでしょう．

　ここで図4.1を見てください．ヒドロキシカルボン酸の内側には公知のプラスチック添加剤であるサリチル酸が含まれているため，この請求項は新規ではありません．公知の「点」（サリチル酸）を含む「範囲」は新しくないのです．「『点』

サリチル酸

乳酸

と『範囲』を比較するなんて，次元が異なる物理量を比較するようなもので論理的に正しくないのではないか」という理論派の声が今にも聞こえてきそうですが，特許の世界においてはその考え方でよいのです．図4.1をもう一度見てください．仮にヒドロキシカルボン酸に特許権を与えてしまうと，サリチル酸（●）を権利範囲に含んでしまい，すでに公表されている発明（サリチル酸）を差し止めることが可能となってしまって不合理です．一方，ヒドロキシカルボン酸が公知であったとしても，乳酸（★）についての効果が知られていないのであれば，乳酸は新規性をもつと判断されます．

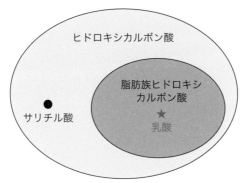

図4.1　特許請求の「範囲」と先行文献に記載
された「点」との関係

　乳酸はもちろん新しいのですが，これだけでは権利範囲が狭すぎるので，第三者が権利を回避して勝手に発明を実施してしまいそうです．このような場合，たとえば「脂肪族ヒドロキシカルボン酸」とすれば，芳香族ヒドロキシカルボン酸であるサリチル酸と区別しつつ，乳酸に限定されない特許権の取得を目指すことができます．

　このように，「点」と「範囲」とを対比することが特許出願の審査における新規性判断の特徴です．ここが，「権利範囲」という概念がなく，サリチル酸と乳酸を点どうしで比較して新しさを議論する学術文献と大きく相違するところなのです．

🄗 新規性の具体的判断手法

　発明の新規性について検討した例を，いくつかのパターンに分けて表4.1に示します．矢印の左側が先行文献に記載された発明，右側が請求項に記載された発

表4.1　新規性の具体的判断手法

特許請求の例（先行文献⇒請求項）		新規性の有無	解説
①上位概念と下位概念	炭化水素　⇒　脂肪族炭化水素	○	「炭化水素」は「脂肪族炭化水素」を含む上位概念である．「炭化水素」のなかから下位概念の「脂肪族炭化水素」見つけだした場合は新しいが，逆は新しくない．
	脂肪族炭化水素　⇒　炭化水素	×	
②組合せ	アスピリン ＋ 賦形剤⇒アスピリン ＋ 賦形剤 ＋ 制酸剤	○	アスピリン（アセチルサリチル酸）を製剤化する際に，組み合わせる原料を増やして胃にやさしい解熱剤とする場合には新規性があるが，原料を減らしたのでは，通常新規性は認められない．
	アスピリン ＋ 賦形剤 ＋ 制酸剤⇒ アスピリン ＋ 賦形剤	×	
③物とその製造方法	アスピリン⇒ アスピリンの製造方法	○	化合物の記載があるからといってその製造方法が必ずしも記載されているとは限らないが，製造方法の記載があった場合には，その結果物も記載されているということになる．
	アスピリンの製造方法⇒ アスピリン	×	
④用途	ミノキシジル（化合物）⇒ ミノキシジルを含む血管拡張剤	○	化合物としてのミノキシジルが公知であったとしても，血管拡張剤という用途は新規性が認められる．また，血管拡張剤として公知であったとしても，発毛剤という用途は「第二医薬用途」として新規性が認められる．最近，発毛剤特許が切れたので，多数の会社からミノキシジル入り発毛剤が発売されている．
	ミノキシジルを含む血管拡張剤⇒ ミノキシジルを含む発毛剤	○	
⑤選択肢	メタノールまたはエタノール⇒ エタノール	×	先行文献に二者択一で記載されている場合にその一方を選択するのは新規性がないとされる場合がほとんどである．一方，先行文献で多数の選択肢があげられているなかの一つを選ぶ場合の判断は難しい．先行文献とまったく異なる目的で用いる場合などでは，新規性が認められる場合もある．
	鉄, アルミニウム, 金, 銀, 銅, 亜鉛, スズまたはチタン ⇒ 銅	?	
⑥数値限定	1～3％　⇒　1～10％	×	先行文献に記載されている範囲を全部覆う範囲では新規性はない．一方，先行文献に記載されている範囲の一部を選択する場合には，先行文献とまったく異なる効果を奏する場合などでは，新規性が認められる場合もある．
	1～10％　⇒　1～3％	?	

明であり，左側が公知であるときに右側が新規かどうかを検討しています．

　表4.1のように具体的に考えてみると，「相違点がなければ新規性を有していない」で片づくような単純な話ではないことがよくわかります．もちろん，審査基準の各論には詳細な説明がありますが，全部読むのは骨が折れます．大まかには，上述してきた図4.1のような考え方に従い，先行文献の記載を全部覆うようなものには新規性がなく，一部だけ覆うようなものには新規性があると捉えておけば，ほとんどのケースに対応できるでしょう．

　また化学の分野では，たとえ同じ化合物であっても，結晶構造，光学純度，含まれる不純物の相違などのわずかな差によって新規性を主張できる場合があります．微差であっても，性能が向上するのであれば，その微差を利用して権利化する価値があるでしょう．なんとか知恵を絞って先行文献に記載されているものとは異なる点を見つけだすことができれば，一見同じようなものであっても，新規性を主張できる場合があるのです．われわれ化学系弁理士は，先行技術と区別しつつできるだけビジネスに役立つ広い範囲を囲むために，あの手この手を日々考えているのです．

☕ 休憩時間　除くクレーム

　新規性を主張するための裏ワザとして，「除くクレーム」というものがあります．審査基準ではこれを「請求項に係る発明に包含される一部の事項のみを当該請求項に記載した事項から除外することを明示した請求項」としています．つまり，本文で紹介した例でいえば，「ヒドロキシカルボン酸（ただし，サリチル酸を除く）を含むプラスチック添加剤」というような請求項（クレーム）にする方法です．この場合，先行技術をピンポイントで除くので「脂肪族ヒドロキシカルボン酸」に限定するよりも広い権利を得ることができます．

　知財高裁大合議平成20年5月30日判決の「ソルダーレジスト事件」では，このように先行技術の記載を請求項に取り込んで先行技術と区別するような補正が認められるべきであると判示されました．

　ただし，先行技術との境目に技術的な意味はなく，通常は進歩性が認められません．しかし，「交通事故」的な先行技術と区別するような場合には，進歩性が認められ特許されることがあります．たとえば，生理活性をもつ新規化合物群を権利化しようとする際に，その権利範囲に含まれる一つの化合物が先行文献に合成中間体として記載されているような場合です．合成中間体ですから，その生理活性に気づいているはずはなく，「除くクレーム」で特許される可能性があります．また，先行特許との調整のために「除くクレーム」が役立つ場合もありますが，ここでは深入りしません．

　いずれにせよ，先行文献での記載を受けて「アイツだけ除く」という技術的には意味のない括り方が許容される場合があるのです．

第⑤講　進歩性とは？（前編）

特許法

第29条第1項（新規性）

産業上利用することができる発明をした者は、次に掲げる発明を除き、その発明について特許を受けることができる。

一　特許出願前に日本国内又は外国において公然知られた発明

二　特許出願前に日本国内又は外国において公然実施をされた発明

三　特許出願前に日本国内又は外国において、頒布された刊行物に記載された発明又は電気通信回線を通じて公衆に利用可能となった発明

第29条第2項（進歩性）

特許出願前にその発明の属する技術の分野における通常の知識を有する者が前項各号に掲げる発明に基いて容易に発明をすることができたときは、その発明については、同項の規定にかかわらず、特許を受けることができない。

　第3，4講で「新規性」について解説しました．続いて本講では，新規性を有する発明が乗り越えるべき最大の難関，「進歩性」について説明します．

　特許出願の審査においては，この進歩性が最も多く議論されます．本書でも2回にわたってていねいに説明していきましょう．前編である今回は少し概念的な話になりますがお許しください．

❗ 進歩性とは？

　特許法第29条第2項（関連するホーリツ）によれば，公知の発明に基づいて当業者（詳しくは後述）が容易に発明できた発明は特許されません．「新規性」だけではなく，「進歩性」も認められてはじめて特許されるのです．

　新規性を有する発明をすべて特許したのでは，簡単な工夫を加えただけでも特許権が与えられることになります．そうなると似たような権利が乱立して，特許の本来の目的である技術の進歩に役立たないばかりか，ビジネス活動の障害となってしまいます．そのため，容易に思いつけるようなものは特許せず，困難に打ち勝ってなされた発明のみを特許するのです．

❶「進歩性」を判断するための基本的な考え方

Ⅰ 判断主体

　特許出願の審査において，進歩性を判断するのは「その発明の属する技術の分野における通常の知識を有する者」（これを「当業者」といいます）です．「当業者」は，「その分野の専門家であって，公知発明を全部知っている人」という感じの仮想人間です．実際は，国家公務員である特許庁審査官が「当業者」の立場で審査します．

Ⅱ 判断時期

　実際に審査されるのは，もちろん特許出願よりあとになりますが，審査官は「特許出願前」の「当業者」の立場で進歩性を判断します．これは新規性の判断と同様で，進歩性の判断も特許出願より前の時点が基準となります．たとえば，出願日が5年前の案件の審査であれば，審査官は5年前の当業者なら容易に思いついたかどうかを判断します．したがって，現在ではみんなが知っているようなことであっても，知らないという仮定の下で進歩性を判断します．

Ⅲ 判断手法

　当業者が「前項各号に掲げる発明に基いて容易に発明をすること」ができたかどうかを判断します．ここで「前項各号に掲げる発明」とは，特許法第29条第1項に列記された「新規性を有さない発明」のことですから，すでに公知になっている先行技術に基づいて進歩性を判断するということです．したがって，当業者はすべての先行技術を知っている者ということになりますが，現実の審査官が先行技術をすべて知っているわけではありません．審査官はまず審査対象の発明に関連のある文献を調査し，そこに記載された先行技術を把握したうえで，当業者として審査対象の発明に容易に思い至るかどうかを判断します．

❶ 進歩性の具体的判断手順

Ⅰ 進歩性判断手順のフロー

　「特許・実用新案審査基準」には，容易に発明をすることができたかどうか判断するための手順が書かれていますが，表現も難しく，ちょっと読んだだけではなかなか理解しづらいので，図5.1に示すフローチャートを使って説明していきます．

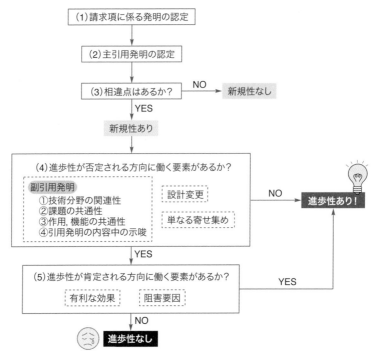

図5.1　進歩性の判断手順フロー

　図中の（1）〜（3）は前講までに説明した新規性の判断手順ですが，少しお
さらいしましょう．（1）まず，権利を得ようとする請求項に記載されている発
明の構成を確認します．（2）次に，審査される発明に最も近いと思われる先行
技術（「主引用発明」といいます）の構成を確認します．（3）そして，その両発
明の構成に相違点があるのかどうかを判断します．相違点がなければ新規性がな
く，相違点があれば新規性を有しています．このように審査基準の表現に従って
説明するとあっさりしていますが，新規性を具体的に判断するのはかなりややこ
しいということは，第3，4講で説明したとおりです．

　続いて，新規性を有するとされた発明に対し，フローチャート中の（4）〜（5）
の手順で進歩性の有無を判断していきます．

　（4）まず，進歩性が否定される方向に働く要素があるかどうかを検討し，そ
のような要素がなければ進歩性が認められます．（5）一方，進歩性が否定され
る方向に働く要素がある場合には，その次に進歩性が肯定される方向に働く要素

があるかどうかを検討します．そのような要素があれば進歩性が認められますが，なければ進歩性が否定されます．

　つまり，（5）の手順は（4）で進歩性が認められなかった発明の敗者復活戦のようなものです．したがって，（4）進歩性が否定される方向に働く要素がない，もしくは（5）進歩性が肯定される方向に働く要素がある，この二つの手順においてどちらか一方で合理的な主張ができれば，進歩性が認められます．

　「進歩性が否定される方向に働く要素」とか「進歩性が肯定される方向に働く要素」とかいわれてもピンとこないでしょうが，進歩性が認められるためには，これらの要素の有無をうまく主張することが最も大事なポイントです．以降でもう少し詳しく説明していきましょう．

Ⅱ 進歩性が否定される方向に働く要素

　図5.1（4）に進むことができるのは，新規性を有する発明です．このとき主引用発明には，請求項に記載された発明の構成のうち何かが欠けています．たとえば，請求項には「構成Aと構成Bと構成Cを組み合わせた発明」が記載されているが，主引用発明には「構成Aと構成Bを組み合わせた発明」しか記載されていないとしましょう．この場合，主引用発明には構成Cが欠けています．そこでまず，構成Cが記載されているほかの公知発明を組み合わせることができるかどうかを検討します．

　このように，主引用発明に欠けている構成を補うために組み合わせるほかの公知発明のことを，「副引用発明」といいます．たとえば副引用発明に「構成Aと構成Cを組み合わせた発明」が記載されている場合は，主引用発明に副引用発明に記載されている構成Cを組み合わせることができる動機づけがあるかどうかを検討します．

　審査基準には，主引用発明に副引用発明を適用する動機づけになりうるものとして，図5.1に記載した①〜④の四つの観点をあげています．

① 主引用発明と副引用発明との「技術分野の関連性」
両発明が属する技術分野に関連性があれば，組み合わせやすいということです．

② 主引用発明と副引用発明との「課題の共通性」
両発明が解決しようとする課題が同じなら，組み合わせやすいということです．

③ 主引用発明と副引用発明との「作用，機能の共通性」
両発明の作用や機能が同じであれば，やはり組み合わせやすいということです．

④「引用発明の内容中の示唆」
引用発明のなかに，主引用発明に副引用発明を適用することに関する示唆があれ
ば，その示唆に従って容易に組み合わせられるでしょう．

　これらの観点を総合判断して，副引用発明を組み合わせることが容易であるか
どうかが判断されます．
　一方，このような副引用発明なしでも進歩性が否定される場合がおもに二つあ
ります．その一つが「設計変更」です．つまり最適材料の選択や数値範囲の最適
化，均等物による置換など，普通に技術開発している者が普通に試すようなこと
では進歩性は得られませんよ，ということです．もう一つが，「先行技術の単な
る寄せ集め」です．公知の構成をあれこれ組み合わせたとしても，それが互いに
機能的または作用的に関連していない場合には，公知の構成の寄せ集めにすぎな
いとして進歩性は認められません．
　審査官は，先掲のどれかのパターンに当てはめて進歩性を否定してきます．出
願人は，それに対して反論することもできますし，次に説明する「進歩性が肯定
される方向に働く要素」を主張することもできます．

Ⅲ 進歩性が肯定される方向に働く要素
　図5.1（4）で「進歩性が否定される方向に働く要素」が認められてしまい，
一旦進歩性が否定されそうになったとしても，（5）の「進歩性が肯定される方
向に働く要素」があれば進歩性ありと判断されます．
　そのような要素の一つが「有利な効果」です．請求項に記載されている発明が，
引用発明と比較して有利な効果を奏するのであれば，それを参酌して進歩性が判
断されます．化学分野の発明では，とくにこの「有利な効果」の力が絶大であり，
これをいかに活用するかが特許を得るための大きな鍵となります．次講で，具体
例を示しながらじっくりと解説します．
　また，ほかの要素の一つに「阻害要因」があります．副引用発明を主引用発明
に適用することを阻害する事情があるときに「阻害要因がある」といいます．た
とえば，主引用発明の目的に反するような副引用発明や，主引用発明が機能しな

くなるような副引用発明を組み合わせることには阻害要因があります.

　大阪のおばちゃん風にいえば,「そんなもん組み合わせたら, 元の発明がワヤになってしまうやん！」というような場合は, 阻害要因があるということです.

❗ 進歩性の基本的な考え方のまとめ

　特許庁の定める審査基準では, 本講で説明してきたような手順で進歩性を判断します.「容易に思いつくかどうか」という一見大雑把な話も, 図5.1に示す論理的なフローに従って判断されているのです. 審査基準は, 特許庁審査官が従うべきガイドラインですから, これに沿って「進歩性がない」といってくる審査官に対しては, これに沿って「進歩性がある」と反論するのが最も効果的です. 審査基準は審査官と出願人のあいだの共通言語のようなものですから, これを知っておくと議論がかみ合うのです.

☕ 休憩時間 弁理士の語る進歩性

「中務さん，これ特許になりますか？」と顧客企業に尋ねられて，「う〜ん，まあ，僕は特許されていいと思いますけど，拒絶されても驚きませんね」などと，答えになっていない回答をすることがあります．それほど進歩性判断のグレーゾーンは広いのです．

特許庁は詳細な審査基準を設けて判断の均質化を図っていますが「容易に思いつくかどうか」はどうしても個人の見識によって違いますから，審査官によるバラつきは避けられません．

さらに進歩性の判断は，国や地域，または時期によっても異なります（図5.2），そこに審査官によるバラつきが加わりますから，同じ発明を多数の国に出願した場合に，国によって得られる権利範囲がバラバラになってしまう…なんてことは日常茶飯事です．

特許の仕事を25年以上もやっていると，進歩性がどう判断されるかは，ある程度予測できるのですが，思いがけず楽勝で特許になる案件もあれば，拒絶されて審査官を恨みたくなるような案件もあります．そのようなことの積み重ねによって，冒頭のような歯切れの悪い回答をすることになってしまうのです．

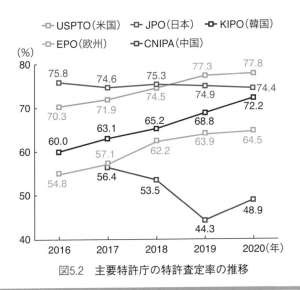

図5.2 主要特許庁の特許査定率の推移

第⑥講　進歩性とは？（後編）

特許法

第29条第2項（進歩性）
　特許出願前にその発明の属する技術の分野における通常の知識を有する者が前項各号に掲げる発明に基いて容易に発明をすることができたときは、その発明については、同項の規定にかかわらず、特許を受けることができない。

　前回は「進歩性」について，その基本的な考え方と一般的な判断手順について説明しました．後編となる今回は化学分野における進歩性の考え方について，例を使って具体的に解説していきましょう．化学発明の進歩性は機械や電気などの発明の進歩性とは一味違い，なんといっても「効果」なのです．

❗ 進歩性判断手順のフロー

　前講で掲載した，審査基準における進歩性判断手順のフローの一部を抜粋したのが図6.1です．これは化学発明用の判断手順のフローです．何やら大きい文字

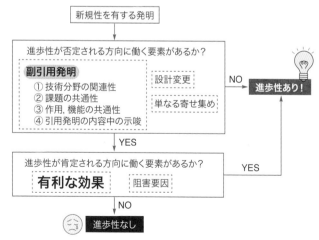

図6.1　化学発明の進歩性の判断手順フロー

がありますよね．化学系の特許出願を25年以上手がけてきた私の経験に基づく実感を，文字の大きさで表してみました．

進歩性を議論するうえで「副引用発明」を組み合わせることができるかどうかは，審査官に反論する際に最も多く議論されるところであり，技術分野を問わず重要です．さらに化学やバイオなどの技術分野では，たとえば機械などのほかの技術分野と異なり，「有利な効果」がものすごく重要になってくるのです．以下，副引用発明の組合せと有利な効果について順に解説します．

❶ 主引用発明と副引用発明の組合せ

図6.1に示されるように，「進歩性が否定される方向に働く要素」のなかに，副引用発明との組合せがあります．具体例を用いて考えてみましょう（図6.2）．

請求項が「原料A１と反応剤B１を触媒C１の存在下で反応させて生成物D１を得る方法」である場合に，主引用発明には「原料A１と反応剤B１を触媒C２の存在下で反応させて生成物D１を得る方法」が記載されていると仮定しましょう．すると，主引用発明は，請求項と原料も反応剤も生成物も同じですから，かなり近い先行技術であり，相違点は触媒のみです．一方，副引用発明には「原料A１と反応剤B２を触媒C１の存在下で反応させて生成物D２を得る方法」が記載されているとします．副引用発明に触媒C１は記載されていますが，反応剤が請求項と異なるので生成物ももちろん異なります．

このような場合の審査では，主引用発明に記載されている触媒C２を，副引用発明に記載されている触媒C１に置き換える「動機づけ」があるかどうかを検討します．審査基準で使われている「動機づけ」という言葉は少しわかりにくいのですが，欧米の審査では"motivation"という言葉が使われており，みなさんはこっちのほうがピンとくるのではないでしょうか．よりわかりやすく表現すると，「引用発明を組み合わせるモチベーションが湧かないよね」という感じです．

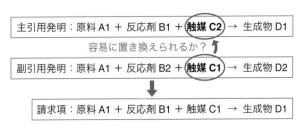

図6.2 主引用発明と副引用発明の組合せの例

審査基準には，主引用発明に副引用発明を適用する動機づけとして，図6.1に記載した以下の四つをあげています．

❶ 主引用発明と副引用発明との「技術分野の関連性」

先の具体例では，両引用発明は同じ技術分野に属することが想定されます．一方，接着剤に用いられる樹脂を，食品包装容器に用いるようなことは，通常は容易ではないでしょう．

❷ 主引用発明と副引用発明との「課題の共通性」

通常，触媒は反応速度を向上させる目的で反応系に添加するものですから課題が共通することも多いと思います．しかし，主引用発明での触媒C2の使用が反応速度向上のためであるのに対し，副引用発明での触媒C1の使用が収率向上のためであったらどうでしょうか．このように課題が共通するとはいえないケースもありえます．

❸ 主引用発明と副引用発明との「作用，機能の共通性」

両発明のそれぞれの反応における触媒の働くメカニズムが類似していれば，容易に置き換えられると判断されるでしょう．たとえば，触媒C1も触媒C2も熱によりラジカルを発生させてラジカル反応を進行させるような場合です．

❹ 引用発明の内容中の「示唆」

引用発明のなかに，主引用発明に副引用発明を適用することに関する示唆があれば，その示唆に従って容易に置き換えられるでしょう．たとえば，主引用発明の説明のなかに「触媒C2はLewis酸であるから反応が進行する」という記述があり，触媒C1もLewis酸である場合などです．

審査基準では，以上のように類型化されていますが，実際の審査では，審査基準を意識しながらも，総合的に進歩性を判断します．主引用発明の触媒C2を，副引用発明の触媒C1に置き換えることが本当に容易なのかどうか，それぞれの引用発明に記載された反応の目的やメカニズムなどを十分に理解したうえで，総合的に判断します．

このとき，発明者の「副引用発明を見ただけで，主引用発明の触媒をC2からC1に変えようと思うヤツなんておらんと思うけどな」という意見が正しいことが，私の経験上は多いように思います．その根拠をきちんと合理的に説明してくれれば，われわれ弁理士はそれを審査基準の枠に当てはめて審査官に反論します．

❶ 有利な効果

図6.1中にひときわ大きな「有利な効果」という文字があります．化学やバイ

オの特許はなんといってもコレが最も重要なのです．ここで「有利な効果」というのは，「引用発明と比較して有利な効果」という意味です．図6.1のフローをもう一度見てみましょう．第5講でも概略を説明しましたが，仮に主引用発明に副引用発明を組み合わせる動機づけが認められて進歩性が否定されかけた発明であっても，有利な効果を主張できれば，敗者復活ができるのです．

　化学やバイオの技術分野は，効果の予測が困難だとされています．一方で機械などの技術分野では，具体的な図面を示すだけで，実際に現物をつくらなくても効果を理詰めで説明できる場合が多いので，機械発明の多くの明細書では図面を参照して淡々と説明しているだけで，実験例などの記載はありません．

　そもそも化学の分野は，「混ぜてみなきゃわからん」世界ですから，みなさん汗水垂らして日々実験しています．すなわち，奏される効果も本来予測できるはずがなく，予測できないのだから容易に思いつくものではなく，結果として進歩性を主張しやすいのです．まさに「効果」サマサマなのです．

　ただし，効果は「予測される範囲を超えた顕著なもの」でなければなりません．審査基準では，このような効果の例として，以下の2パターンを示しています．これらのどちらかに当てはまれば進歩性が認められるのです．

Ⅰ　引用発明の有する効果とは異質な効果

　化学構造が互いに類似する化合物E1，E2が殺虫剤として知られているときに，類似する構造の化合物E3にも同程度の殺虫効果があることがわかったとしましょう．またこのとき，E3のヒトに対する毒性が，化合物E1，E2に比べて少ないこともわかりました．

　このような場合，異質の効果を奏するとして，E3の進歩性が認められます．類似構造の化合物群が殺虫効果をもつとすでに知られている場合，それらと類似した構造の化合物が同程度の殺虫効果を示すだけでは進歩性は認められませんが，異質の効果を示すのであれば進歩性が認められるのです．もちろん，ヒトに対する毒性に限らず，役に立つ異質な効果であればなんでもよいのです．たとえば，「安定性が高く長期保管できる」，「再結晶が容易で生産性が向上する」，「水に溶けやすく液剤にしやすい」，「匂いが少ない」，「微生物で分解されやすく土壌中での半減期が短い」など，いくらでも思いつきますよね．

　多くの製品は，さまざまな観点から評価されます．そのなかで，従来のものと比べて優れている「異質の効果」を見いだし，それを中心に発明を組み立てれば，

進歩性を主張しやすくなります．われわれ弁理士にとっては，発明者からこのような地味な効果を聞きだす嗅覚が大事なのです（休憩時間参照）．

Ⅱ　引用発明の有する効果と同質であるが，際だって優れた効果

　金属元素Xを含むマグネシウム合金F１が軽量で高強度であると知られているときに，金属元素Xの含有量をこれまでよりも多くしたマグネシウム合金F２の強度がF１の２倍になることがわかりました．どうやら，金属元素の含有量が変化したことで結晶形態が変わって強度が劇的に向上したようです．

　このような場合，引用発明と同質の効果ではあるものの，際だって優れた効果を有するとして，マグネシウム合金F２の進歩性が認められます．金属元素Xの配合量を変えただけですから，通常は進歩性が認められませんが，「顕著な」効果が奏されれば，それが決め手になって進歩性が肯定されることもあるのです．

　このように強度が２倍というような場合だけでなく，先行技術との差がわずかであっても「顕著」と判断される場合があります．たとえば自動車用エンジンの発明で，ガソリン１Lあたりの燃費が10.0 km L^{-1}から10.3 km L^{-1}になったとします．わずか0.3 km L^{-1}の燃費向上ですが，自動車の燃料消費が３％も削減できますから，環境保護の観点からも「顕著な」差であるとして進歩性を主張することができるでしょう．

　このように，顕著といっても，単に数字上の差だけではなく，その技術背景も含めてうまく説明することが重要です．わずかな効果を大きく見せる「針小棒大」な説明をする力が求められるのです．いい方は悪いかもしれませんが，嘘のない範囲で「盛る（もる）」ことも大事なのです．

❗ 進歩性のまとめ

　主引用発明と副引用発明を組み合わせるときは，論理的に分析して説明する能力が要求されますので頭脳戦です．一方，化学分野では有利な効果を主張することが有効であり，実験データが素晴らしければ論理は不要なので，力技ともいえます．頭脳戦で敗れても力技でひっくり返せるのが化学発明の特徴であり，それゆえにわれわれ弁理士は硬軟取り混ぜて進歩性を主張するのです．

　とはいえ，効果を説明するためには実験データが必要です．しかし進歩性を主張しやすくするために追加実験をしていると出願が遅れてしまい，ほかの人に先を越されてしまいかねません．質とスピードのバランスを考えることが重要です．

☕ 休憩時間　効果の掘り起こし

　発明者（発）と弁理士（弁）と知財部員（知）が岡山の特許事務所に集まりました.

発：樹脂A1に充填剤Bを混ぜたら強度が上がりました！

弁：それはすごいですね. 先行技術は調べましたか？

知：この組合せに新規性はありますが, 樹脂A2やA3にBを混ぜても強度が上がることが知られています.

弁：A1は, A2やA3と同じグループAに含まれますから, 同じ効果で進歩性を主張するのは難しいですね.

発&知：（ガックリ）そうですか…

弁：（少し考えて）樹脂A1と充填剤B以外に何か混ぜていますか？

発：A1には酸に弱い構造があるのですが, Bが固体酸なので, 少し中和させる意味で塩基を入れようと思って微量のアミンCを添加してます.

弁：なるほど. それで, 強度以外に何かいいことがありましたか？

発：たいしたことではないのですが, 耐久試験をしても樹脂が黄変しないんですよね. 充填剤Bだけとか, アミンCだけの場合は黄変するのに.

弁：ほう, 充填剤BとアミンCの組合せで黄変が防止できるんですね. それはなぜですか？

発：まったくわかりません. 僕の研究テーマは強度の向上だし.

弁：つまり, わからないってことは予測していなかった効果が出たってことですね？ ならば「A1, B, Cの組合せで黄変防止」という線で出願しましょうか.

知：お, それいいですね！

弁：この際, A2, A3も含めて, 「A, B, Cの組合せで黄変防止」に拡張しちゃいましょう〜.

知：そりゃあでーれー（どえらい）ええじゃねーか！（思わず岡山弁）

弁：強度向上の話は, 目立たないように地味に書いときましょう.

発：え〜？ 僕の研究テーマはA1の強度向上だったんですけど？？

　このように, 一つの製品に多数の効果が潜んでいる可能性があります. 弁理士としては, そのなかから進歩性を主張しやすい効果をうまく掘り起こしたいものです. 「取りたい」特許と「取れる」特許は違うのです.

Part Ⅲ
特許出願の準備

「特許出願する前にやっておくべきことがある」
～発明が完成した！でもどうしたら特許出願できるのか？～

　実験がうまくいって発明が完成したら，「さあ特許出願」といきたいところですが，出願する前にやるべきことがたくさんあります．まず，先行技術の調査をして，新規性や進歩性を主張できることを確認しなければなりません．また，化学分野の発明の場合には，効果を裏付けるために必要な実験データについて検討しなければなりませんし，その際に追加実験が必要になることもあります．さらに，発明者や出願人を適切に決めて，後になって当事者間で争いにならないようにしておかなければなりません．

　このように，あれこれと確認し準備してから，ようやく長～い明細書を書き始めることになるのです．特許出願までの道のりは遠くて険しいのです．

▶第⑦講　特許出願をするためには？
▶第⑧講　特許公報と特許調査
▶第⑨講　特許出願に必要な実験データとは？
▶第⑩講　共同出願について

第⑦講　特許出願をするためには？

関連するホーリツ

特許法

第29条第1項（特許の要件）

　産業上利用することができる発明をした者は，次に掲げる発明を除き，その発明について特許を受けることができる．（以下略）

第35条（職務発明）

　第2項　従業者等がした発明については，その発明が職務発明である場合を除き，あらかじめ，使用者等に特許を受ける権利を取得させ，使用者等に特許権を承継させ，又は使用者等のため仮専用実施権若しくは専用実施権を設定することを定めた契約，勤務規則その他の定めの条項は，無効とする．

　第3項　従業者等がした職務発明については，契約，勤務規則その他の定めにおいてあらかじめ使用者等に特許を受ける権利を取得させることを定めたときは，その特許を受ける権利は，その発生した時から当該使用者等に帰属する．

　第4項　従業者等は，契約，勤務規則その他の定めにより職務発明について使用者等に特許を受ける権利を取得させ，使用者等に特許権を承継させ，若しくは使用者等のため専用実施権を設定した（中略）ときは，相当の金銭その他の経済上の利益を受ける権利を有する．

❗実際の特許出願までの流れ

　長い苦労の末に実験が成功し，新しい化合物を合成することができました．この化合物は従来のものよりもはるかに高性能なので，きっと社会の役に立つはずです．このようなとき，どうしたら特許出願までたどり着けるのでしょうか．今回は，発明の完成から特許出願までの流れを説明します．図7.1にその概略を示しました．以下，この流れに沿って1ステップずつ説明していきます．

Step 1　発明の完成

　化学の分野であれば，実験がうまくいったところでひとまず発明は完成です．どれだけ追加実験をする必要があるのか？ どのような分析データを取得すればよいのか？ ということをよく尋ねられますが，それについては第9講で詳細に

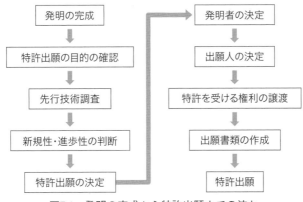

図7.1　発明の完成から特許出願までの流れ

説明します.

Step 2　特許出願の目的の確認

「発明が完成したから，次は特許出願だ！」と，はやる気持ちはわかりますが,そもそも何のために特許出願をするのか，まずはその目的を確認しましょう. 企業であれば，独占排他権である特許権によってライバル企業の参入を排除して,独占的に実施することを目指すのが普通です. ビジネスに役立つかどうかという視点で判断すればよいので，特許出願の目的を確認することは比較的容易です.

　一方，大学などの公的機関では特許製品を製造販売する事業を行っていませんので，企業への技術移転を目指すことになります. 最近は大学発ベンチャーを立ち上げることもありますが，技術移転であることに変わりありません. したがって，特許出願をするのであれば技術移転の可能性と事業規模についての具体的なイメージをもつことが重要です.

Step 3　特許出願の決定

　特許出願の目的を確認したうえで，先行技術調査を行います（第8講参照）.そして，特許性（新規性，進歩性）を主張できるのであれば，特許出願をするかどうかを決めます. 通常，この決定は発明者が所属する機関が行うので，発明者は所属する機関の知的財産管理部門に相談することになります.

　発明の特許性や，特許権活用の可能性などを総合的に判断して，特許を出願するかどうかが判断されます. このとき留意すべき点は，特許出願とその後の維持

管理には結構な費用がかかるということです．そのため所属機関は，その特許がもたらす経済的利益を推測しながら，出願するべき発明を予算の枠内で取捨選択することになります．このとき，進歩性がギリギリ認められて特許される発明も，楽勝で特許される独創的発明も，特許されてしまえば効力は同じです．したがって，特許出願するかどうかを判断するときに重要なのは実は経済的規模であり，独創性ではないのです．特許はビジネスツールであることを忘れてはいけません．

Step 4　発明者の決定

　所属機関の判断で出願することが決まれば，特許庁に提出する特許願に「発明者」と「出願人」を記載しなければなりません．

　まず，発明者について説明しましょう．発明は「技術的思想の創作」ですから，その創作に実質的に貢献した者が発明者になります．たとえば，単に研究テーマを与えただけの上司，指示に従って実験を行っただけの補助者，資金や設備を提供しただけの援助者などは発明者ではありません．そして，複数人が実質的に協力して発明した場合の発明者は複数になります．

　発明者の選定は重要です．実質的に貢献した発明者が記載から漏れていると特許されませんし，特許されたあとでも無効にされてしまいます．ビジネスが大成功したあとになって，真の発明者が訴えてくることもあるのです．

Step 5　出願人の決定と特許を受ける権利の譲渡

　Step 4で述べた「発明者」は法人ではなく自然人（個人）でなければなりません．ここで，特許法29条1項を見てみましょう（関連するホーリツ）．そこには，「産業上利用することができる発明をした者は，（中略）その発明について特許を受けることができる」と記載されていますから，まずは個人である発明者が「特許を受ける権利」を取得します．

　しかし特許権を所有しているのは，多くの場合，個人ではなく会社（法人）であることはみなさんご存知のとおりです．これは，発明者から法人へ「特許を受ける権利」が譲渡され，法人が出願人となって特許出願しているからなのです．発明者ごとに属する法人が異なる場合などには，譲り受ける法人が複数になるため，「出願人」が複数になることもあります．このような出願を共同出願といいます．共同出願については第10講で詳細に説明します．

Step 6　職務発明

　「特許を受ける権利」を従業員である発明者から雇用主である出願人に譲渡させることについては，特許法35条に規定されています．特許法35条2項は「職務発明であれば，従業員から雇用主に特許を受ける権利を譲渡させる契約をあらかじめ結んでおいてもいいですよ」という意味です．

　ここで「職務発明」とは，従業員が会社で業務として行った発明のことをいいます．従業員が業務として行った発明は雇用契約などに基づいて，強制的に会社に譲渡させることができるのです．特許法35条3項は，2015年に改正されて追加された規定です．ここでは，「職務発明について勤務規則などであらかじめ定めていれば，特許を受ける権利をその発生時から会社に帰属させてもいいですよ」と規定していて，適切に取り決めておけば譲渡手続きを省略することもできるようになりました．

　また，特許法35条4項に規定するように，発明者である従業員は，「特許を受ける権利」を譲渡することによって会社から「相当の利益」を得ることができます．この「相当の利益」については，勤務規則などであらかじめ合理的に金額を定められるように2004年に改正され，金銭以外の処遇なども含めて柔軟に決定できるように2015年に再度法改正されました．これらの法改正は，「休憩時間」で取り上げている青色発光ダイオード訴訟のような，権利の帰属や譲渡の対価についての労使間の争いを未然に防ぐことを目的としたものです．

Step 7　特許出願

　Step 5，6を経て，発明者から出願人に特許を受ける権利が譲渡され，法人名義で特許出願手続きが行われます．具体的には，願書，特許請求の範囲，明細書，要約書，図面といった出願書類を作成し，特許庁へ提出することによって特許出願が完了します．

　以上のように，「発明したら，即出願」というわけにはいかず，特許出願にたどり着くまでには，あれこれとステップを踏む必要があります．とはいえ，あまりていねいに作業していたのでは出願が遅れて他人に先を越されてしまいますから，要点を押さえながら迅速に，しかも熱意をもって特許出願にもち込むことが重要なのです．

☕ **休憩時間** 青色発光ダイオード訴訟

青色発光ダイオードの発明により，中村修二氏（カリフォルニア大学サンタバーバラ校教授）が，赤﨑勇氏，天野 浩氏と共同で2014年にノーベル物理学賞を受賞されたことは，みなさんもよくご存知でしょう．この発明をしたころ，中村氏は日亜化学工業株式会社（以下，日亜化学）の従業員でしたから，本文で説明したように「特許を受ける権利」は発明者である中村氏から日亜化学に譲渡され，日亜化学を出願人として，多くの特許が成立しました．そのなかの一つである特許第2628404号（404特許）は，職務発明制度を語るうえで最も著名な特許です．

404特許の発明は，簡単にいうと「加熱された基板の表面に対して，平行または傾斜方向に反応ガスを供給しながら，垂直方向に不活性ガスを供給し，不活性ガスが反応ガスを基板方向に押しつけるようにして半導体結晶膜を成長させる方法」です（図7.2）．この方法によって，サファイア基板の上に窒化ガリウムの結晶をうまくつくれます．

中村氏は，適切な発明の譲渡対価を求めて，退職後に古巣の日亜化学を訴えました．これに対し第一審の東京地裁は，404特許の譲渡対価が604億円であると認定したのです．2004年1月にだされたこの判決に，当時私は驚きを超えて呆れたものです．

その1年後，控訴審の知的財産高等裁判所で和解が成立し，404特許を含むすべての特許権の対価の合計額として，日亜化学が中村氏に6.1億円（利子を含めると8.4億円）を支払うことで決着しました．特許権を多数束ねて100分の1に減額されたのです．

青色発光ダイオードは世界中を明るく照らし，中村氏の功績に対しノーベル賞が授けられ，日亜化学は大企業に成長しました．それでもなぜ争ってしまうのか，複雑な気持ちにならざるをえません．しかし特許で争いが起こるのは，決まってビジネスがうまくいっているときなのです．儲かっていない特許には，争う価値がありませんから．

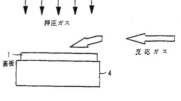

図7.2　404特許の「第1図」

第⑧講　特許公報と特許調査

関連するホーリツ

特許法
第64条（出願公開）
第1項　特許庁長官は、特許出願の日から一年六月を経過したときは、特許掲載公報の発行をしたものを除き、その特許出願について出願公開をしなければならない。（以下略）
第2項　出願公開は、次に掲げる事項を特許公報に掲載することにより行う。（以下略）
第66条（特許権の設定の登録）
第1項　特許権は、設定の登録により発生する。
第2項　第百七条第一項の規定による第一年から第三年までの各年分の特許料の納付又はその納付の免除若しくは猶予があつたときは、特許権の設定の登録をする。
第3項　前項の登録があつたときは、次に掲げる事項を特許公報に掲載しなければならない。（以下略）

第3〜6講で，発明が特許されるための条件である「新規性」と「進歩性」について説明しました．これらはすでに公知になっている先行技術を基準にして判断されます．したがって，特許出願する際にはあらかじめ先行技術を調査しておくことが大事です．そして，その調査対象としてとくに重要なのが「特許公報」です．今回は，特許公報にはどんな種類があり，どんな役割があるのかを解説しましょう．また，特許調査をどのように行えばよいのかも説明します．

❶ 特許公報ってどんなもの？

みなさんは特許公報を読んだことがあるでしょうか？　企業で研究開発をされている方はもちろん読んだことがあるでしょう．また，大学などの公的機関で研究されている方も，なんらかのかたちで見たことがあるのではないでしょうか.

まず知っておきたいことは，特許公報には「公開公報（公開特許公報）」と「特許公報」の2種類があり，それぞれ役割が異なるということです．「これらの区別がよくわからない」という声をしばしば聞きますので，この機会にしっかり理

解しておきましょう.

① 公開公報

　公開公報は,出願した内容がそのまま記載されているものであり,特許出願から1年半後に「原則」として全件発行されます.第1講では,特許制度の趣旨について「特許権者は新しい発明を世の中に公開する代わりに得た特許権で〈保護〉され,第三者は公開されたその発明をビジネスや研究に〈利用〉できる」しくみだと説明しました.公開公報はこのしくみを働かせるために発行されるものであり,産業の発達に寄与するという,特許制度の目的のために重要な役割を果たしています.ただし,令和4年の経済安全保障推進法の成立により,安全保障の観点から先端技術を国外に流出させないために一部の特許出願を「例外」として非公開にすることになりました.

　公開公報は速報性に優れています.企業では,特許出願してから学会発表することはほぼ必須で,なかには公開公報が発行されるのを待って学会発表するケースもあります.大学や公的研究機関でも,学会発表前に特許出願をするように知財管理部門から指導されているはずです.そのため,学術論文が出版されるより前に特許公報が発行される場合も多々あります.かつて世間を騒がせた「STAP細胞」も,*Nature*誌に論文が掲載される3か月前には国際公開公報が発行されていました(休憩時間参照).

　公開公報には出願時に提出した「特許請求の範囲」と「発明の詳細な説明」がそのまま記載されています.ここでの「特許請求の範囲」には,出願人が特許権をとりたいと思っている範囲が記載されていますが,まだ審査されていない出願時の内容が記載されているだけですので,実際に特許権がどのように設定されるかは審査次第です.一方,「発明の詳細な説明」では発明が具体的に説明されており,学術論文と大きな違いはありません.この項には第三者が追試すればできる程度の記載が求められ,化学の発明であれば具体的な実験結果も記載されています.

　このように公開公報は,「速報性に優れた技術文献」ということができます.そしてその表紙には,公開番号,発明者,出願人,出願日などの書誌的事項が記載されています.日本の公開公報であれば「特開2019-123456」というような西暦つきの公開番号が記載されています.また,外国語でされた国際出願に基づく日本出願では,その日本語翻訳文が「特表2019-512345」という番号を付されて

公開されます.

② 特許公報

　それに対して特許公報は,「審査を経て特許されたもの」についてだけ発行されます. したがって, 審査の過程で「特許請求の範囲」が出願時よりも狭められていることもあります. 特許公報の見た目は公開公報とよく似ていますが, その役割はまったく異なります. 特許公報は通常, 公開公報よりも後に発行されるので, 新しい情報は含まれておらず, 技術情報源としてはほぼ価値がないといっていいでしょう.

　しかし, 特許公報は知的財産権である特許権の「権利書」としての役割を果たしています. たとえば土地が譲渡された場合は, 法務局の登記簿にその権利についての情報が登記されますが, 特許権も特許庁という役所で特許原簿に設定登録されます. 土地であれば, 番地や面積などで簡単に権利を特定できますが, 特許権の場合は長々と記載された特許公報に基づいて権利の範囲を特定しなければなりません.

　日本の特許公報には,「特許第6123456号」というように特許番号が記載されています. 明治時代に第1号が特許されてから累々と積み上げられ, 現在までに約700万件が特許されています.

③ 外国の特許公報

　特許権は国ごとに設定されますので, それぞれの国が公開公報や特許公報を発行しています. 体裁や言語は国によって異なりますが, どの国でも日本と同じようなことが記載されています. 番号の後ろに「A」が付されているのが公開公報, 番号の後ろに「B」が付されているのが特許公報, という表記が多くの国で採用されており, これによって公開公報と特許公報を区別できます.

　たとえば, 日本の公開公報には右上の隅のほうに小さく「JP 2019-123456 A」と記載されていますし, 特許公報にはやはり同じ位置に「JP 6123456 B2」という記載があります. 外国の公報も, 表紙のどこかに「A」または「B」と書かれていることが多いので探してみてください.

❗ 特許調査のやり方

　特許調査には「先行技術調査」と「権利調査」の2種類があります. 先行技術

調査はすでに世の中に知られている技術を調査するもの，権利調査はビジネスにおいて障害となる他社の権利を調査するものです．二つの調査について順に説明していきましょう．

① 先行技術調査

　出願人は先行技術調査を行って，特許出願する発明の新規性や進歩性をあらかじめ判断することが望まれます．先行技術を適切に把握したうえで，それと区別できるような出願書類を作成することが，広くて強い権利を得るためには重要です．

　一方，特許出願を前提としない単なる技術調査としても特許調査は有用です．企業における研究開発の成果は，論文としてまとめずに特許出願だけで済まされることがほとんどですが，そのなかには学術論文として投稿できそうな技術内容も含まれています．化学の分野は学問とビジネスの境界が曖昧なので，大学などで研究されている方も自分の研究テーマについて特許調査すれば，企業発の技術情報にアクセスできて研究の参考になるかもしれません．

② 権利調査

　企業では，事業化する前に，障害となる他社特許の有無を確認することが必須です．高額の設備投資をしたあとに他社の特許が発見されてしまっては話になりません．権利調査を行うにあたっては，すでに特許された特許公報と，審査中の公開公報の両方を，漏れのないよう高い精度で調査することが求められます．

③ 調査方法

　私が特許の仕事を始めた25年以上前の特許調査では，電話回線を使ってデータベース会社に接続する必要があり，検索や結果の受信にはすべてテキストデータが使われ，接続時間や送受信データ量によって多大な検索料金がかかりました．

　しかし現在では，各国の特許庁や国際機関が検索サイトを運営しており，無償で検索できるようになっています．そのサービス内容は日進月歩であり，どんどん使いやすくなっています．具体的な使い方を以下で説明しましょう．

　まずは，日本の「特許情報プラットフォーム（J-Plat Pat）」サイトにアクセスし，「特許・実用新案検索」の「発明者」欄に自分の名前を入れて検索してみましょう．自分の研究成果が出てきますか？　次に，知り合いの研究者の名前を入れてみま

しょう．あまり関係のない検索結果（ノイズ）が多くでてくるようであれば，「出願人」欄に所属機関名入れて絞り込むのがお勧めです．「ヘルプ」を見ながら入力すればさほど難しくありません．検索をしていくうちにライバル研究者の研究動向や共同研究先などがわかることもあります．

　次に，興味のあるキーワードを入れて検索してみましょう．検索対象を「全文」とするとノイズが増えるので，「請求の範囲」を検索対象とするとよいです．検索する際にはAND検索，OR検索，NOT検索，一部一致検索などが利用できます．ほかにも，「IPC（国際分類）」，「FI」，「Fターム」などの技術分類コードを組み合わせての検索や，審査の経過を調べることもできます．「無償でここまでサービスして大丈夫だろうか？」というほどの充実ぶりです．かつて私の事務所でも契約していた老舗の民間特許データベース会社「PATOLIS」が経営破たんしてしまったのも，時代の流れかもしれません．

　今や，特許検索サイトは本当に使いやすいものになっています．ぜひ一度アクセスしてみてください．思わぬヒントが得られるかもしれませんよ．

☕ 休憩時間　「STAP細胞」を事前に知ることができた？

　「STAP細胞」に関する論文が*Nature*誌に掲載されたのは2014年1月29日のことでした．そして，その直後から大騒ぎになったのは，みなさんもご存知のとおりです．実はそれより3か月前の2013年10月31日には，「STAP細胞」についての国際公開公報（WO2013/163296A1）が発行されていたのですが，とくに話題にはなりませんでした．このように，きわめて重要な（のちに否定されましたが）研究成果が，論文より先に特許公報で公表されることもあるのです．

　*Nature*論文の筆頭著者は小保方氏でしたが，特許出願では，筆頭発明者がハーバード大学のVacanti氏であり，ハーバード大学系列のブリガム婦人病院，理化学研究所，東京女子医科大学の3者の共同出願としてアメリカ特許庁に提出されました．特許出願のほうはアメリカ主導で行われたようです．

　国際公開公報に添付された国際調査報告では，請求項30に記載された“A method to generate a pluripotent cell, comprising subjecting a human cell to a stress.（ヒト細胞をストレスに供する工程を含む，多能性細胞を生成する方法）”という発明の新規性および進歩性が認められていましたので，アメリカ特許庁の審査官は特許してもよいという心証をもっていたようです．

　その後，*Nature*論文は2014年7月2日付で取り下げられました．一方，特許出願は理研と東京女子医大が持ち分を放棄してブリガム婦人病院の単独名義となったのち，アメリカの企業（Vcell Therapeutics, Inc.）に譲渡されて，多くの国に出願されました．現在もなお一部の国で審査が進められています．日本の国立研究開発法人とアメリカの私立大学とでは，ずいぶん考え方が違うものです．

第⑨講　特許出願に必要な実験データとは？

関連するホーリツ

特許法

第36条第４項（発明の詳細な説明の記載要件）

前項第三号の発明の詳細な説明の記載は、次の各号に適合するものでなければならない。

一　経済産業省令で定めるところにより、その発明の属する技術の分野における通常の知識を有する者がその実施をすることができる程度に明確かつ十分に記載したものであること。（以下略）

第36条第６項（特許請求の範囲の記載要件）

第二項の特許請求の範囲の記載は、次の各号に適合するものでなければならない。

一　特許を受けようとする発明が発明の詳細な説明に記載したものであること。

二　特許を受けようとする発明が明確であること。

三　請求項ごとの記載が簡潔であること。

四　その他経済産業省令で定めるところにより記載されていること。

❗ 学術文献との違い

　第７講では，発明の完成から特許出願にたどり着くまでの流れを説明しましたが，化学発明を実際に特許出願するためには，いったいどのような実験データが必要なのでしょうか？ そして，学術文献に記載する実験データと何が違うのでしょうか？ その鍵となるのは，本書で何度も述べた「範囲」です．以下で実験データの「数」と「質」に分けてそれぞれ説明していきましょう．

❗ 実験データの「数」

① サポート要件

　特許出願の際に特許庁に提出する書類には，「特許請求の範囲」と「明細書」があり，「明細書」中の「発明の詳細な説明」のなかに実施例として実験結果を書きます．「関連するホーリツ」に記載している特許法第36条第６項第１号では，「特許請求の範囲」の記載要件として「特許を受けようとする発明が『発明の詳細な説明』に記載したものであること」を規定しています．すなわち，「特許請

求の範囲」が「発明の詳細な説明」の記載でサポートされている必要があるのです．これを「サポート要件」といいます．

　このサポート要件は，「特許請求の範囲」の文言が「発明の詳細な説明」に形式的に記載してあれば足りる，というような簡単なものではありません．化学発明の場合は，サポート要件を満足するためには，実験データが必要です．明細書の実施例に記載されている実験データに基づいて，発明の効果が奏される範囲を「特許請求の範囲」全体まで一般化して拡張できるかどうかが判断されます．どれだけの実験データ（点）があれば，「特許請求の範囲」をサポートできるかということが，ここでは問題となるのです．

② 山の高さと裾野の広さ

　図9.1を用いて請求項と実施例の関係について具体的に説明しましょう．酸触媒を添加することによって反応速度が向上する化学反応があるとします．このとき用いられる酸として，硫酸や塩酸がすでに知られていますが，今回は酸として酢酸を用いたところ，硫酸や塩酸と同様に反応速度が向上し，かつ副生物の生成を大幅に抑制できることがわかりました．このような効果は今回実験してはじめてわかったことであり，予測不可能ですから，触媒としてカルボン酸を添加する方法は新規性も進歩性も認められそうだと，特許を出願することになりました．

　では，この発明を特許出願するときに，どの程度の実施例を記載すればよいのでしょうか．学術論文の場合は，酢酸やプロピオン酸などいくつかのカルボン酸の優れた性能を示す実施例と，硫酸などの公知の比較例とを記載して対比します．そして，実施例のトップデータが比較例に比べてどれだけ優れているかをアピールするとともに，そのメカニズムを議論するなどして研究成果を深掘りしていきます．アカデミックの研究者のみなさんなら，よくご存知でしょう．

　一方，特許出願する際には，そのような深掘りは不要ですが，実験データの数がもっと必要です．仮に酢酸（実施例１）とプロピオン酸（実施例２）の実施例を明細書に記載し，請求項１で触媒を「カルボン酸」として特許出願したとします．この場合，審査官に「実施例の記載に比べて請求項が広すぎる」と指摘されるおそれがあります．カルボン酸にもいろいろあります．極性溶媒への溶解度が小さい高級脂肪酸や，共役構造をもつ芳香族カルボン酸を用いても酢酸と同様の効果が奏されるのかどうか疑わしいと思われた場合には，請求項１は広すぎてサポート要件を満足しない，と判断されてしまいます．このとき，実施例３のステ

アリン酸や実施例4の安息香酸でもうまくいったという例が記載されていれば，請求項1を請求項2や請求項3にまで狭くしなければならなくなる懸念は少なくなります．第4講の「新規性とは？（後編）」でも述べましたが，特許出願は山の頂上の高さを競うものではなく，「裾野（権利範囲）」の広さを競うものですから，裾野を広げるための実験データの数がほしいのです．

③ 進歩性

化学発明の進歩性の審査においては「発明の効果」を主張することが有効であると，第6講の「進歩性とは？（後編）」で説明しました．効果をうまく説明して進歩性を主張するために，実験データの数がほしい場合もあります．

図9.1の例で，実施例1がベスト（☆）であり，実施例2がそれに次ぐ高性能（◎）であり，実施例3が合格（○）であり，実施例4がなんとか合格（△）であり，比較例1～3が不合格（×）だったとします．このように，効果に差のある適切な数の実施例と比較例があると，特許出願においては有効です．これによって，芳香族カルボン酸が記載された先行技術からの進歩性が否定された場合に，効果の低い実施例4を切り捨てて比較例に回し，請求項1と3をあきらめて請求項2のみを権利化することが可能です．

将来の審査でどのような先行技術が引用されるかは不明なので，状況に応じて対応できるように，松・竹・梅のレベルの実施例をうまく準備しておくと，範囲が少し狭くなったとしても有効な部分を権利化できる可能性が増えます．学術論

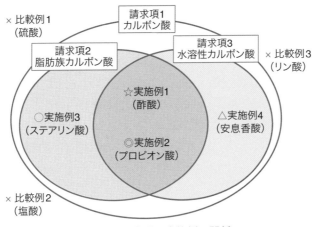

図9.1 請求項と実施例の関係

文のようにトップデータを並べるのではなく，ちょっと悪いデータをうまく使うことで，「裾野の広さ」を微調整できるのです．

❗実験データの「質」
❶ 実施可能要件

　特許法第36条第4項第1号では，「発明の詳細な説明」の記載要件として「その発明の属する技術の分野における通常の知識を有する者（「当業者」といいます）がその実施をすることができる程度に明確かつ十分に記載したものであること」を規定しています．特許発明についての独占権がほしいのなら，その発明を第三者が実施できるように，明細書に十分に説明しておきなさい，ということです．これを「実施可能要件」といいます．

　化学発明の特許出願をする際には，当業者がその発明を実施できるようにするためにも，実施例に実験結果を記載することが必要です．そのとき，第三者が追試できないような不十分な記載だと，実施可能要件違反とされてしまいます．

　特許権はほしいけれども，ライバルメーカーには手の内を晒したくない，というのが企業の本音です．そのため，特許請求の範囲に記載された発明を実施するのに必要なことを最低限記載しながらも，それと直接関係のないノウハウの記載を控えます．実施例の記載は，特許法上は詳しいほどよいのでしょうが，ビジネス戦略上は必ずしもそうではありません．バランスが難しいところです．

❷ 明確性要件

　特許法第36条第6項第2号では，「特許請求の範囲」の記載要件として「特許を受けようとする発明が明確でなければならないこと」を規定しています．これを「明確性要件」といいます．第三者の実施行為が特許権の権利範囲に含まれれば，実施行為を差し止めたり，損害賠償請求したりできるのですから，範囲が曖昧では困ります．土地の境界争いを防ぐために，杭を打つのと同じことです．

　したがって，境界が曖昧な線引きは許されません．たとえば，図9.1の請求項3では「水溶性カルボン酸」としていますが，実はこのような規定の仕方は好ましくありません．わずかに水に溶けるカルボン酸が，水溶性なのかどうか不明確だからです．では，どのような表現をすればよいのでしょうか．たとえば「25℃の水100 gへの溶解度が0.1 g/100 g以上」程度の具体的な線引きが必要です．

　また，たとえば高分子化合物の分子量を規定する場合に，単に「分子量が

10,000〜50,000」という記載では不十分です．「分子量」には，数平均分子量や重量平均分子量などさまざまな定義がありますし，さらに同じ数平均分子量でも，GPC（ゲル浸透クロマトグラフィー）分析時に用いられるカラム，測定条件，標準物質の選択などによって値が変動しますから，それらをすべて記載しておかなければならないのです．

　このように「裾野」の線引きに用いる構成は，明確な線を引けるものでなければなりません．これは，学術論文を記載する場合と決定的に異なる点であるといえます．特許出願では，「うまくいくかどうか微妙なラインを明確に引く」という，学術的にはほとんど意味のない作業が要求されるのです．しかし，この作業が第三者の参入を阻止する防波堤になるのです．

●

　以上説明したように，特許出願では山の「裾野」に位置する「冴えない」データが役に立ちます．この点は，トップデータの高さを競う学術文献や新製品開発などと大きく異なります．そのような「裾野」のデータは特許出願以外ではあまり役に立ちませんし，データ取得は億劫なものです．また，時間をかけすぎると特許出願が遅れ，第三者に先を越されてしまいます．とはいえ，実験データの数はなるべく多くほしいので，悩ましいところです．

　先行技術調査を行ったあとでなければ，先行技術と区別するために必要な実験がどのようなものか，はっきりしません．したがって，ある程度の実験データが得られたところで見切り発車して特許調査に着手し，その後に必要な追加データを取得しながら並行して明細書を作成する，というやり方がお勧めです．

☕ 休憩時間　実験データの後だし

　特許出願された発明の新規性や進歩性は，出願時の明細書の記載に基づいて審査されます．出願したあとにあれこれと追加できてしまうようでは，出願人どうしの競争に公平性が担保されません．したがって，出願後に新たな実験データを明細書に追加記載することは一切許されません．

　けれども実は，追加データの提出がすべて拒否されるわけではないのです．たとえば図9.1の例において，拒絶理由通知でリン酸を用いた引用文献から容易だと判断されたときに，出願当初の明細書にリン酸の比較例が記載されていないと，カルボン酸がリン酸より優れていると主張できません．しかしこのような場合には，拒絶理由通知に対する応答の際にリン酸を用いた実験データを実験成績証明書として提出して，カルボン酸よりも劣ることを説明して進歩性を主張することが可能です．特許請求の範囲から外れる比較データ

であれば，あとから提出することが可能なのです．

　また，明細書で「裾野」付近を含む特許請求の範囲の全体をサポートできていないとして，審査官からサポート要件違反だと指摘された場合に，その違反を解消するために，「裾野」付近の特許請求の範囲内のデータを，実験成績証明書のかたちで提出することも可能です．「出願時から当然に可能であると思っていたが，審査官の見解に異議があるので，出願時の技術水準を把握するための参考データとして提出する」という立場であれば，可能なのです．

　これらは後だしじゃんけんのような話ですが，実際に拒絶理由を通知されたときに追加実験を行うのはよくあることです．ただし，しょせん後だしの実験データですから，最初から明細書に堂々と記載してある実験データのようには役立たない場合もあります．

第⑩講　**共同出願**について

関連するホーリツ

特許法

第38条（共同出願）

　特許を受ける権利が共有に係るときは、各共有者は、他の共有者と共同でなければ、特許出願をすることができない。

第73条（共有に係る特許権）

第１項　特許権が共有に係るときは、各共有者は、他の共有者の同意を得なければ、その持分を譲渡し、又はその持分を目的として質権を設定することができない。

第２項　特許権が共有に係るときは、各共有者は、契約で別段の定をした場合を除き、他の共有者の同意を得ないでその特許発明の実施をすることができる。

第３項　特許権が共有に係るときは、各共有者は、他の共有者の同意を得なければ、その特許権について専用実施権を設定し、又は他人に通常実施権を許諾することができない。

民法

第521条（契約の締結及び内容の自由）

第１項　何人も、法令に特別の定めがある場合を除き、契約をするかどうかを自由に決定することができる。

第２項　契約の当事者は、法令の制限内において、契約の内容を自由に決定することができる。

　オープンイノベーションが謳われる昨今、企業や大学などが組織の垣根を越えて連携することにより、共同で新しい技術を創りだそうとする動きが活発になっています。そのような共同作業の成果として発明が発生したとき、どのように取り扱えば特許を取得できるのでしょうか。今回はそのような場合に行う「共同出願」について解説します。

共同出願する場合

　共同出願しなければならない場合としては、共同発明である場合と、契約に定めがある場合があげられます。以下、それぞれについて説明します。

　まずは図10.1を用いて共同発明のケースについて説明しましょう．最初は，発明をした者（発明者）が「特許を受ける権利」を取得します（特許法第29条第1項）．そして，その「特許を受ける権利」は，大学や会社が定めた職務発明規定に従って，発明者から大学や会社に譲渡されます（特許法第35条）．この流れは第7講で説明したとおりです．このとき，発明者A，Bが甲大学に属し，発明者Cが乙会社に属していれば，甲大学と乙会社の両方が特許を受ける権利を承継します．

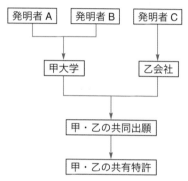

図10.1　共同出願の権利の流れ（共同発明の場合）

　「関連するホーリツ」にあるように，特許法第38条には「特許を受ける権利が共有に係るときは，各共有者は，他の共有者と共同でなければ，特許出願をすることができない」と規定されています．そのため甲大学と乙会社は共同で特許出願をしなければならず，これに違反した出願は拒絶されます（特許法第49条第2項）．したがって，所属する組織が異なる発明者が共同で発明した場合は，共同出願をすることになります．そして，共同出願が審査されて特許されれば，共有特許が発生します．

　もう一つの，契約によって出願人を取り決めた場合について，図10.2を用いて説明しましょう．特許を受ける権利を発明者から譲り受けた甲大学がその権利の一部を乙会社に譲り渡せば，特許を受ける権利が両者の共有になるので，共同出願をしなければなりません．よくある例としては，乙会社が甲大学に研究費を支払って研究委託し，発明が発生した際には甲大学が特許を受ける権利の一部を乙会社に譲り渡す契約があげられます．大学としては，目先の研究費ほしさにすぐさま契約してしまいそうですが，共同出願したあとに得られる共有特許の取扱い

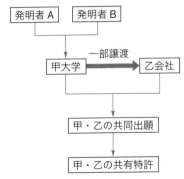

図10.2　共同出願の権利の流れ（契約で定めがある場合）

を理解したうえで契約したいものです.

❗共有特許の特許法上の取扱い

　共有特許の取扱いについては特許法第73条に定められており，ほかの共有者の同意が必要な行為（以下①，②）とそうでない行為（③）とが規定されています. それぞれを具体的に説明しましょう.

①「勝手に譲れません」

　特許法第73条第1項に「特許権が共有に係るときは，各共有者は，他の共有者の同意を得なければ，その持分を譲渡（中略）することができない」と規定されているように，自分の持分を勝手に他人に譲渡することはできません.

②「勝手にライセンスできません」

　特許法第73条第3項に「特許権が共有に係るときは，各共有者は，他の共有者の同意を得なければ，その特許権について専用実施権を設定し，又は他人に通常実施権を許諾することができない」と規定されているように，特許された発明を勝手に他人にライセンスすることもできません.

③「勝手に実施できます」

　特許法第73条第2項に「特許権が共有に係るときは，各共有者は，契約で別段の定をした場合を除き，他の共有者の同意を得ないでその特許発明の実施をすることができる」と規定されているように，勝手に発明品をつくったり売ったりす

ることはできるのです.

　共有特許の取扱いでとくに注意したいのは,「勝手に実施できるけど勝手にライセンスすることはできない」という点です. 以下, いくつかケーススタディをしてみましょう.

❗CASE 1：大学と企業の場合

　まずは, 大学と企業の共同出願を特許法どおりに取り扱ってみましょう. 前述のように, 特許権の一方の共有者は他方の同意を得ることなく実施できると規定されていますが, 大学はそもそも事業をしていません. かといって, 大学が勝手にほかの企業にライセンスすることもできません. その一方で, 企業は自由に発明を実施することができますから, この場合は大学が圧倒的に不利なのです.

　したがって, 共同出願する大学が利益を受けるには, あらかじめ契約を結ぶ必要があります. たとえば, 売上に対して所定割合の実施料を企業が大学に支払うような契約が考えられます. とはいうものの, 特許法上では自由に実施できる立場にある企業が, 実施料を支払うことを承諾するかどうかは場合によります. 大学と企業の力関係や, 発明の価値も影響するでしょう.

　共同出願に関する交渉において大学サイドが切れる一番強いカードは,「そんな契約やったら, ウチは共同出願できまへんなぁ」という出願拒否です(なぜか関西弁). 前述のように, 特許を受ける権利をもつ者の一方が拒否すれば特許出願ができないからです. けれども, 企業との協力関係は維持したいですし, 研究発表前に特許出願しなければならないという時間的制約もありますから, それほど粘り強く契約交渉できないのが実情でしょう. ただ近年では, 技術移転機関(technology licensing organization；TLO)を活用する大学が多くなり, 以前に比べれば契約作業もやりやすくなっているようです.

❗CASE 2：化学会社と製品メーカーの場合

　多くの場合, 化学会社はビジネスの「川上」にいて,「川下」の製品メーカーに材料を供給しています. このとき, 製品についての特許権を化学会社Aと製品メーカーBが共有していたとします. 特許法の規定に従えば, 製品メーカーBは特許製品を自由に製造することができ, ほかの化学会社から安い材料を調達することもできます. 一方, 化学会社Aがほかの製品メーカーに材料を売ろうとして

も，ほかの製品メーカーは特許製品を製造することができません．つまり，この場合は化学会社Aが圧倒的に不利なのです．

　この場合の化学会社Aも，利益を受けるには特許出願する前に契約を締結する必要があるでしょう．製品メーカーBに対し化学会社Aの材料を購入する義務を課したり，化学会社Aがほかの製品メーカーへ材料を販売することを条件つきで認めさせたりするなどの条項を加えた契約をすることが多いようです．

　立場が異なるメーカーどうしで異なる技術をもち寄ることができるので，共同で研究開発する意義は大きいのですが，「川上」に立つ化学会社は，特許の取扱いをよく理解しておかないと痛い目に遭います．しかも，化学会社にとって製品メーカーは「お客様」ですから，うまく契約の話をしなければなりません．

❗ 共同出願契約について

　民法第521条第2項には，「契約の当事者は，法令の制限内において，契約の内容を自由に決定することができる」と規定されています．これを「契約自由の原則」といい，民法上の基本原則の一つとされています．したがって，それを制限する法令がない限り，当事者どうしは自由に契約してよく，その契約が特許法の規定に優先します．特許法は，なんの契約もないときの取扱いを決めているだけですから，当事者どうしで双方の利益が得られる合理的なかたちで契約を結んでおくのがよいでしょう．

　最も望ましいのは，共同研究を開始する前に研究成果を特許出願する際の取扱いまで決めておくことです．実際に大発明が完成してから契約しようとすると揉めることが多いので，早いほうがよいでしょう．遅くとも特許出願の前には契約しておきたいところです．

●

　「相手側とは信頼関係が築けているし，揉めることなんてないですよ」と，契約しないことがあります．しかし，契約書が役に立つのは信頼関係が崩れたあとなので，そのときのためにあらかじめ合理的な契約を結んでおくことが重要です．共同出願の相手方と争いになるとなかなかたいへんですが，特許が経済的に大きな利益を生んだときでなければ争いは起こらないので，そんなに悪い話ではありません．儲かっていないときには，共同出願先と争う理由がないので，仲良くできるものです．

☕ 休憩時間　共同出願の代理人

　私は弁理士ですから，出願人の依頼を受けて特許庁への出願手続を代理します．出願人が1人のときにはもちろんその出願人の味方ですが，出願人が複数いるときに弁理士は誰の味方でしょうか？　答えは「出願人全員」の味方です．出願人全員から委任されて手続きをするのですから，全員の利益になるように行動しなければなりません．

　けれども，本編で説明したように共同出願の出願人は互いに立場が異なるので利害が一致しません．化学会社は，範囲が狭くても「材料」の請求項が，製品メーカーはできるだけ広い範囲の材料を用いた「製品」の請求項がほしいものです．すなわち，自分のライバル会社に文句をいいやすい請求項を希望するのです．

　共同出願の明細書を作成する際は，出願人双方の意見を逐一聞きながら作業を進めることもあれば，一方の出願人が窓口となって作業を進め，他方の出願人には最終確認だけを求めることもあります．一方の出願人とだけ作業をすると，当然，その出願人の意向を色濃く反映した明細書になり，他方の出願人の意向は反映されにくくなります．

　また，明細書の作成をしたことのある人ならわかると思いますが，弁理士とやり取りしながら明細書を完成させるのには結構な労力を要します．ですから，その作業を相手方の担当者に押しつけて，でき上がりをチェックして文句だけいうのが楽ではありますが，弁理士とのコミュニケーションが希薄になるぶんだけ，内容的に損をする恐れがあります．

　それほど重要でない特許出願の代理人選定は相手方に任せつつ，重要出願は気心の知れた弁理士に依頼して，自社の意向を十分に反映させるのが理想的です．代理人とする弁理士を選定する際にも，共同出願人どうしの駆け引きがあるのです．

　われわれ弁理士が共同出願を代理するときには，出願人全員の意向を確認して作業しますが，船頭が多くて船が山に上がることにならないように気をつけねばなりません．

特別講義②

2020年ノーベル化学賞　CRISPR-Cas9関連特許
――有用な技術であるがゆえの権利の複雑さ――

　2020年のノーベル化学賞が，ゲノム編集ツール「CRISPR-Cas9」を開発した
Emmanuelle Charpentier博士とJennifer A. Doudna博士に授与されたことはご存
知でしょう．この発明に関連して，いくつかのグループから多数の関連特許出願
がなされ，複雑な権利関係が形成されました[1]．その状況を追うと，特許の世界
のややこしさがわかってきます．

❶ 受賞者グループの特許出願
　図1を用いて，ノーベル賞受賞者グループの特許出願状況を説明します．
Charpentier博士らの論文[2]が*Science*誌の電子版で公開される1か月前に米国仮出
願61/652,086が行われ，その後，複数の仮出願の優先権を主張してPCT/US2013/
032589が国際出願されました．その出願人はカリフォルニア大学，ウィーン大学，
およびCharpentier博士（個人）の3者（以下，まとめて「UC」）です．この国際
出願は他の多数の国にも移行され，さらに各国で分割出願が繰り返されて件数を
増やしました．米国では国際出願経由の出願に加えて，国際出願を経由せずに前
記4件の仮出願に基づく本出願13/842,859が出願されましたが，そこから継続出願，
分割出願を繰り返して，なんと100件以上に分かれています．費用も労力も惜しまず，
全力で権利化作業を進めている様子が窺えます．

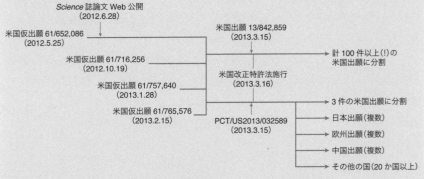

図1　ノーベル賞受賞者グループの特許出願状況

❶ その他のグループの特許出願

　前記*Science*誌での論文[2]には真核細胞で標的遺伝子を切断した例は記載されていませんでした．そこで，多くのグループが真核細胞での実験に取り組み，Toolgen社と，Sigma-Aldrich社と，Broad研究所，マサチューセッツ工科大学，ハーバード大学の3者連合（以下Broad研）とが，それぞれ真核細胞で遺伝子の切断を行う方法に関して米国仮出願をしました．いずれも前記論文[2]の公表からわずか半年以内です．

❶ 特許権者同士の争い

　Broad研の米国特許第8,697,359号と，UCの米国出願第13/842,859号とのあいだで，インターフェアレンス（抵触審査）がなされ，どちらが先に発明したのかが争われました．その結果，両発明はそもそも抵触関係にはないので両者とも特許されるべきとの判断がなされUC出願も米国特許第10,266,850号として特許されました．両発明は，いずれもCRISPR-Cas9に関するものですが，Broad研特許が「真核細胞」に限定されているのに対し，UC特許にはそのような限定がなく，UC特許の内側にBroad研特許が含まれる「利用発明」（第11講参照）という関係にあ

ります．図2において，色の濃い部分には，両者の権利が重複して存在するので，第三者が真核細胞でCRISPR-Cas9を使用する際には両者からのライセンスが必要になり，技術の普及という点からは障害が増えました．また米国以外の各国でも，Toolgen社やSigma-Aldrich社も含めて，多くの特許が存在し，権利関係はきわめて複雑です．

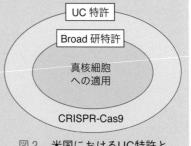

図2　米国におけるUC特許とBroad研特許の関係

　新しい技術が発表されても，特許権がここまで錯綜してしまったのでは，新技術を世の中に広める障害になってしまいます．パテントプール（第23講参照）のように，関連特許のライセンスを取りまとめるしくみができるのが理想ですが，関係者の合意を取りつけるのはそれほど容易ではなさそうです．

1）松任谷優子，LES JAPAN NEWS, **59**（4），19（2018）.
2）M. Jinek et al., *Science*, **337**, 816（2012）.

Part Ⅳ
特許出願書類

「特許請求の範囲と明細書の意義を理解しよう」
〜書類作成は面倒くさいし，読んでもわかりにくいけれど〜

　特許出願をするためには，いくつかの書類を特許庁に提出しなければなりません，その中でも特に大事な書類が，特許請求の範囲（請求項）と明細書です．

　特許公報を読んだ人の中には，体言止めの長文で記載された請求項をもはや日本語ではないと思った人や，どうでもよさそうなことを延々と書き連ねた明細書を読んでいて眠気を催した人もたくさんいるでしょう．

　しかし，これらの文章がそうなっているのにはちゃんとした理由があるのです．その理由をしっかり理解して，もはや変な文章とは思わなくなったら，あなたも特許の世界の住人です（？）.

　ここでは，特許請求の範囲と明細書それぞれの役割と意義について理解を深め，これらを楽に読めるようになることを目指します．

▶第⑪講　特許請求の範囲とは？（前編）
▶第⑫講　特許請求の範囲とは？（中編）
▶第⑬講　特許請求の範囲とは？（後編）
▶第⑭講　明細書の書き方（前編）
▶第⑮講　明細書の書き方（後編）

第⑪講　特許請求の範囲とは？（前編）

関連するホーリツ

特許法

第36条第5項（特許請求の範囲の記載要件）
「第二項の特許請求の範囲には、請求項に区分して、各請求項ごとに特許出願人が特許を受けようとする発明を特定するために必要と認める事項のすべてを記載しなければならない。（以下略）」

第68条（特許権の効力）
「特許権者は、業として特許発明の実施をする権利を専有する。（以下略）」

第70条（特許発明の技術的範囲）
「第1項　特許発明の技術的範囲は、願書に添付した特許請求の範囲の記載に基づいて定めなければならない。
第2項　前項の場合においては、願書に添付した明細書の記載及び図面を考慮して、特許請求の範囲に記載された用語の意義を解釈するものとする。
第3項　（省略）」

　本書では、「範囲」という言葉をうるさいくらいに連呼してきました．今回から，ついに「特許請求の範囲」の説明を3回にわたってしていきます．学術論文にはなく，特許文献だけに記載される「特許請求の範囲」．これを知ることが特許制度全体の理解につながります．しっかり学んでいきましょう．

❗特許請求の範囲の働き

　関連するホーリツに記載の特許法第68条に「特許権者は，業として特許発明の実施をする権利を専有する」と規定されているとおり，特許権をもつ者は，業（ビジネス）として特許された発明を独占実施することができます．では，「特許発明」の範囲はどのように定められるのでしょうか．

　特許法第70条第1項には，「特許発明の技術的範囲は，願書に添付した特許請求の範囲の記載に基づいて定めなければならない」と規定されています．「定めなければならない」と記載されているように，特許請求の範囲を基準とすることは絶対的なのです．一方，特許法第70条第2項には，「願書に添付した明細書の

記載及び図面を考慮して，特許請求の範囲に記載された用語の意義を解釈する」と規定されています．すなわち，明細書の記載は，特許請求の範囲を解釈するための参考資料にすぎないのです．

　たとえば，私の顧客企業の方が，「中務さん，ライバル会社の特許の明細書の実施例に書かれていることと，ウチがやっていることがほとんど同じなんですけど，大丈夫でしょうか？」と尋ねてきたとしましょう．このようなとき，私はライバル会社の特許の請求項を確認したうえで，「御社の実施内容は，ライバル会社の『特許請求の範囲』から外れているから大丈夫ですよ」と回答することがよくあります．このように，「特許請求の範囲」によってその権利範囲が決められるのであり，明細書「だけ」に記載されていることは権利に無関係なのです．

❗ そもそも特許請求の範囲とは？

　特許の話をしていると，「特許請求の範囲」，「請求項」，「クレーム（claim）」，「技術的範囲」，「権利範囲」と，なんだか似たような言葉がでてきます．ここで少し整理しておきましょう．

①請求項，クレーム

　特許法第36条第5項には「特許請求の範囲には，請求項に区分して，（中略）記載しなければならない」と規定されています．つまり，「特許請求の範囲」のなかには「請求項1」，「請求項2」，…というような複数の「請求項」が含まれているという構成なのです．英語ではこのような用語の使い分けはなく，いずれも「claim（s）」で表されます．私たち弁理士も日常的には「請求項」，「クレーム」ということがほとんどですから，「特許請求の範囲」という言葉は，正しい法令用語としておもに書面で用いられるものだといえます．

②技術的範囲

　また，特許権を行使できる範囲のことを法令用語では「技術的範囲」といい，私たちも正式な書面ではそう書きますが，これも日常ではあまり使われず，単に「権利範囲」ということが多いです．英語では，「範囲」は「scope」なので，特許権で保護される範囲といった意味で「scope of protection」という表現もよく使われます．

　ここで説明した用語の使い分けは，現実にはかなり曖昧です．したがって，特
許請求の範囲に記載されている「請求項（クレーム）」と，特許発明の技術的範
囲についてざっくり表現した「権利範囲」の二つの用語を使うことができれば，
議論で困ることはないでしょう．

❶ 請求項の読み方（権利一体の原則）

①構成要件

　特許法第36条第5項には「特許請求の範囲には，（中略）各請求項ごとに特許
出願人が特許を受けようとする発明を特定するために必要と認める事項のすべて
を記載しなければならない」と規定されています．ここで，「特許出願人が特許
を受けようとする発明を特定するために必要と認める事項」というフレーズは長
くてわかりにくいので，「構成要件」といい換えます．「構成要件」とは，発明を
構成する必要条件という意味です．そうすると，同項は「請求項には，構成要件
のすべてを記載しなければならない」と書き換えられます．

②権利一体の原則

　このときポイントとなるのは構成要件の「すべて」を記載しなければならない
という点です．「すべて」を備えたものを一体として捉える大原則のことを「権
利一体の原則」といいます．そして，構成要件の「すべて」を満足する第三者の
実施行為に対して特許権が及ぶことになります．

③実例で考えよう

　図11.1を見ながら詳しく説明していきましょう．請求項1は「ポリプロピレン

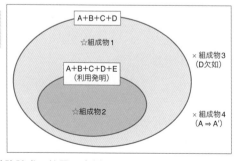

図11.1　特許請求の範囲の実例

（A），ヒンダードフェノール系酸化防止剤（B），ヒンダードアミン系光安定剤（C）
および顔料（D）を含む樹脂組成物」です．熱による酸化劣化を防止するB，光
による劣化を防止するC，光が内部に侵入するのを抑制するD を組み合わせて，
ポリプロピレン樹脂組成物の耐候性が改善されました．

　A，B，C，Dを含む組成物1を第三者が許可なく実施していればもちろん特許
権侵害です．仮に，組成物1に新たにE（ベンゾトリアゾール系紫外線吸収剤）
を加えてさらに高性能な組成物2としたとしても，A，B，C，Dを含むことには
変わりはないので，特許権侵害になります．このように，請求項の内容を丸ごと
利用した発明を「利用発明」といい，権利範囲に含まれます．一方，顔料（D）
を配合せず，A，B，Cだけを含む組成物3は構成要件を「すべて」満足するわ
けではありませんから，権利範囲には含まれません．また，ポリプロピレン（A）
をポリエチレン（A′）に置き換えた組成物4 も同じく権利範囲には含まれない
のです．

　こうして「権利一体の原則」に従い，構成要件ごとに検討すれば，権利範囲の
解釈もわかりやすいと思います．しかし実際は，このようにシンプルな構成の請
求項ばかりではないのが悩みの種です（休憩時間参照）．

❗習うより慣れろ

　特許請求の範囲と明細書の役割分担や，請求項に記載された発明の権利範囲の
解釈のしかたについてご理解いただけたでしょうか．

　長くて複雑な請求項を読むのは簡単なことではありませんが，構成要件に分け
ていねいに検討すれば案外と理解できるものです．また，構成要件の解釈に際
しては，明細書中の説明を参照しましょう．請求項を読むのは，学生時代の長文
読解と似ていて，あれこれ参照しながら繰り返し読んでいるうちにだんだんと理
解できるようになります．

☕ 休憩時間 「請求項なんて日本語じゃない！」

「請求項なんて，もはや日本語じゃないですよ．変な文章で，わざとわかりにくく書いていますよね」などといわれることがあります．確かに読みづらい文章ではありますが，決してわかりにくく書いているのではなく，より広く明確な権利を取得しようとするとそうなってしまうのです．

まず，請求項では権利を取得しようとする対象を明らかにしなければなりません．したがって，対象とする発明が「物」にしろ「方法」にしろ，文章の最後は必ず名詞になります．そして，一つの請求項で保護される対象は一つなので，多くの場合は一文で記載しなければなりません．保護対象を明確にするために，そのような書き方になるのです．学校の作文の授業では，主語，述語の順番で文章を記載し，複雑になったら文章を切断しなさい，と教わりますが，請求項の記載はその真逆なので読みづらいのです．

そして，多数の構成要件でそのたった一つの名詞を修飾していきますので，一文がとても長くなってしまいます．多くの請求項は，「A，BおよびC を含む組成物」みたいなシンプルなものではなく，たいてい「a1，a2またはa3から選択される

A，ガラス転移温度が○〜×℃のB，および化学式（1）で示される化合物Cを含み，A100質量部に対してBを5〜20質量部とCを0.1〜2質量部含み，かつ弾性率が▲〜□MPaである組成物」のような文章になります．選択肢，配合比，物性パラメータ，化学式，数式などを動員し，先行技術から区別できて優れた効果を奏する範囲を，できるだけ広くしかも明確に囲めるように，あれこれと構成要件を組み合わせて表現するのです．

構成要件は，具体的で狭いほど明確でわかりやすく，広くしようとするほど不明確でわかりにくくなります．そのため，広い権利を得ようとするほど，構成要件がわかりにくくなる傾向にあります．

以上のように，請求項は特殊な文章ではありますが，決してわざとわかりにくく書いているのではありません．このことは外国でも同様であり，英語で書かれた請求項を和訳しても日本語の請求項と似たようなものになります．請求項の記載のしかたは万国共通なのでしょう．もしかしたら，アメリカあたりでは「請求項なんて英語じゃない！」なんていわれているのかもしれません（笑）．

第⑫講　特許請求の範囲とは？（中編）

関連するホーリツ

特許法

第2条第3項（「実施」の定義）

この法律で発明について「実施」とは、次に掲げる行為をいう。

一　物（中略）の発明にあっては、その物の生産、使用、譲渡等（中略）、輸出若しくは輸入又は譲渡等の申出（中略）をする行為

二　方法の発明にあっては、その方法の使用をする行為

三　物を生産する方法の発明にあっては、前号に掲げるもののほか、その方法により生産した物の使用、譲渡等、輸出若しくは輸入又は譲渡等の申出をする行為

第68条（特許権の効力）

特許権者は、業として特許発明の実施をする権利を専有する。（以下略）

第79条（先使用による通常実施権）

特許出願に係る発明の内容を知らないで自らその発明をし、又は特許出願に係る発明の内容を知らないでその発明をした者から知得して、特許出願の際現に日本国内においてその発明の実施である事業をしている者又はその事業の準備をしている者は、その実施又は準備をしている発明及び事業の目的の範囲内において、その特許出願に係る特許権について通常実施権を有する。

　第11講（前編）では，特許請求の範囲の働きとその権利範囲の解釈のしかたについて説明しました．中編の今回は，請求項に記載される発明の「カテゴリー」について説明します．発明には「物」と「方法」の二つのカテゴリーがありますが，それらはどう違うのでしょうか．また，化学分野では「製造方法」の発明を特許出願することがよくありますが，その利害得失についても考えてみましょう．

❶ 発明のカテゴリー

　「関連するホーリツ」で示した特許法第2条第3項では，発明を「物（第1号）」と「方法（第2号）」のカテゴリーに分け，「方法」をさらに「物を生産する方法（製造方法）（第3号）」とそれ以外の「単純方法」に分けています．結局のところ，発明は図12.1に示すように「物」と「製造方法」と「単純方法」に分類できます．

図12.1　発明のカテゴリー

　「物」の発明としては，「有機化合物」，「抗菌剤」，「携帯電話」など，物品として表現できるものがあげられます．そして，そのような「物」を製造する「製造方法」の発明としては，「有機化合物の合成方法」「携帯電話の製造方法」などがあげられます．また，「単純方法」の発明としては，「分析方法」や「自動運転方法」など，物を製造しない方法があげられます．

　化学分野では「製造方法」についての特許出願が多くなされています．機械分野などでは，物の構造が明らかになればそのつくり方は自ずとわかる場合が多いのに対し，化学分野では，実験してみなければ製造できるかどうかわからない場合が多いことから，公知物の製造方法であっても進歩性を主張しやすく特許になりやすいという事情があるからです．以降では表12.1に示す発明のカテゴリーの対比表を見ながら，発明のカテゴリーごとの利害得失について説明していきます．

表12.1　発明のカテゴリーの対比

カテゴリー	物	製造方法	単純方法
侵害把握	容　易 ☺	困　難 ☹	困　難 ☹
特許されやすさ	困　難 ☹	容　易 ☺	容　易 ☺
購入者への権利行使	可　能 ☺	可　能 ☺	不可能 ☹

❗ 第三者の侵害行為の把握

　まずは特許権者の立場になって考えてみましょう．自社の特許が物の発明に関するものであって，その権利範囲内の製品をライバル会社が販売しているとします．このような場合，市場でその製品を入手して分析すれば，権利が侵害されている証拠を得るのは容易です．

しかし，これが製造方法の発明についての特許（製法特許）だったらどうでしょうか．いくら怪しいと思っても，ライバル会社の生産工場のなかに入って調べることはできませんから，証拠が得られないのです．裁判において，特許権を侵害していることを立証する責任を負うのは原告である特許権者ですが，証拠がなければ立証できません．

裁判に訴えることができないのなら，製法特許なんてもっていても意味がないようにも思えますが，実際のところ，化学分野では製造方法の発明について，多くの特許が出願されています．詳しくは「休憩時間」で示していますが，裁判に訴えることだけが特許権の役割ではないのです．

❶ 特許されやすさ

物の発明と，その物の製造方法の発明とでは，どちらが特許されやすいのでしょうか．これは明らかに「製造方法」です．以下に示す，請求項a（物の発明）と請求項b（製造方法の発明）を比較しながら考えてみましょう．

・請求項a：「化学式（1）で示される有機化合物A．」
・請求項b：「原料Bと原料Cとを触媒Dの存在下に反応させる，化学式（1）で示される有機化合物Aの製造方法．」

請求項aに記載されている構成要件はAだけですが，請求項bに記載されている構成要件はA，B，C，Dの四つがあります．製造方法の請求項には，結果物である物の構成（A）が含まれていますから，構成要件が多い（B，C，D）分だけ特許されやすいのです．たとえば，化合物Aが公知化合物であったとしても，触媒Dによって副生物の生成を抑制できることをはじめて見いだしたのであれば，製造方法の発明が特許されます．

❶ 権利行使できる相手について

特許法第68条（関連するホーリツ参照）には「特許権者は，業として特許発明の実施をする権利を専有する」と規定されていますが，この特許権の効力が及ぶ「実施」行為を，カテゴリー別に分類して規定したのが，特許法第2条第3項です．

物の発明では，その物を製造したり使用したり販売したりする行為に対して特許権が及びます（同項第1号）．したがって，物を製造した会社だけではなく，

それを購入して使用した会社を訴えることも可能です.

　一方，方法の発明では，その方法を用いる行為に対して特許権が及びます（同項第2号）．したがって，単純方法の場合には，その方法を直接行っている相手しか訴えることができません．ところが製造方法の発明では，その方法を用いる行為だけでなく，その方法で製造した物を使用したり販売したりする行為に対しても特許権が及びます（同項第3号）．物の発明と同じように，購入して使用した会社も訴えることが可能なのです.

　たとえば，有機化合物Aの製造方法の特許を保有している化学会社「甲」は，有機化合物Aをその方法で製造したライバルの化学会社「乙」を訴えることももちろん可能ですが，化学会社「乙」から有機化合物Aを購入して医薬品を製造した製薬会社「丙」を訴えることも可能です．このように，製造方法の発明の場合,単純方法の発明よりも,「直接文句をいえる相手」が増えるのです．そのため，違法行為をしたくない製薬会社「丙」が化学会社「乙」に「特許は大丈夫なんでしょうね（侵害をしていないでしょうね）？」などと尋ねたりしますので，結果として単純方法よりも牽制力が大きくなるのです.

❗ 物の発明か，製造方法の発明か？

　では，物の発明と製造方法の発明のどちらを出願するのがよいのでしょうか？表12.1に記載しているように，物の発明のほうが侵害の把握をしやすいので，物のほうが有効であることはいうまでもありません．しかし，審査の過程で拒絶されたり，権利範囲が狭くなったりする可能性は高くなります.

　一方，製造方法の発明は，物の発明に比べれば特許されやすいのですが，第三者が実施しているかどうかの把握が困難ですし，仮にかなり怪しいと思っても立証することが容易ではありません（休憩時間参照）.

　どちらも一長一短あって悩ましいところですが，実際は1件の出願に物と製造方法の両方の請求項を仕込んでおけばよい場合が多いのです．1件の出願には，複数の請求項を記載できますので，両方の請求項を記載しておくことによって，審査官の出方を見てから，権利取得に有利なほうを生かすように対応することが可能です．1件の出願に複数の請求項を記載する際のあの手この手については，次の講で説明します.

☕ 休憩時間　製造方法を特許出願すべきかどうか？

「中務さん，新しい製造方法で収率がすごく向上したんです．でも特許出願したら，技術内容がライバル会社にバレちゃいますよね．製造方法だから，真似されてもわからないし…．どうしたらいいですか？」

これまで，この手の質問を何度受けたかわかりません．化学会社の永遠の悩みだといえるでしょう．私はこのようなとき，「あなたの会社が逆の立場ならどうしますか？」と聞くことにしています．「ライバル会社の特許があるけれども，製造方法なら相手にバレないからこっそりやってしまいますか？」という問いかけに対して，大半の人からは「そりゃあ，ウチではできないですよ」という返答がきます．

近年の企業経営では，コンプライアンス（法令順守）が重視されますから，違法とわかっていながらライバル会社の特許権を侵害する製造方法を実施する経営者は多くないでしょう．しかし，世の中にはいろいろな会社がありますから，ライバル会社が製造方法の特許を尊重するのかどうか，ということを十分に検討したうえで，自社の製造方法を特許出願すべきかどうかを判断する必要があるでしょう．

一方，製造方法を特許出願せずにノウハウとして秘匿する場合には，秘密情報の管理がとても重要です．雇用が流動化している昨今では，ノウハウを秘密状態に保つのはそれほど容易なことではありません．

しかも，あとになって第三者に特許を取得される場合があり，これが大問題となります．第三者の特許出願の前から事業を実施している者は，その事業を継続実施する権利（先使用権：特許法第79条，関連するホーリツ参照）を有しますが，実施していたことの客観的証明は容易ではありません．

特許法には，製法特許での権利行使をしやすくするための規定がいくつかあります．たとえば，裁判官が製造方法に関する書類提出を命じることも可能ですが，その実効性は必ずしも十分ではないようです．令和元年改正特許法で，中立の専門家が製造施設に入って現地調査（査証）できるようになりました．このような法的環境の変化も考慮する必要があるでしょう．

結局のところ，製造方法を特許出願すべきかどうかについては，案件ごとにケース・バイ・ケースとしかいいようがなく，本当に悩ましいところです．

第⑬講　特許請求の範囲とは？（後編）

関連するホーリツ

特許法

第36条第5項（特許請求の範囲の記載要件）
　第二項の特許請求の範囲には、請求項に区分して、各請求項ごとに特許出願人が特許を受けようとする発明を特定するために必要と認める事項のすべてを記載しなければならない。（以下略）
第37条（発明の単一性）
　二以上の発明については、経済産業省令で定める技術的関係を有することにより発明の単一性の要件を満たす一群の発明に該当するときは、一の願書で特許出願をすることができる。

　「特許請求の範囲」を学ぶことは，特許制度全体の理解につながります．第11講では，特許請求の範囲の働きと，その権利範囲の解釈の仕方について説明しました．また第12講では，「物」や「方法」など，請求項に記載される発明のカテゴリーについて説明しました．3回目となる本講では，特許請求の範囲における請求項の設定方法について具体的に解説しながら，特許出願の戦略について説明します．

❗ 特許請求の範囲の記載方法

　特許公報を見ればわかるように，ほとんどの場合，複数の請求項が記載されています．「関連するホーリツ」に示した特許法第36条第5項に規定されているように，特許請求の範囲は「請求項に区分して」記載されます．
　ここからは，特許請求の範囲の具体例を示していきます．先日，アイスティーを頼んだら紙ストローがでてきたのですが，口当たりが今一つに感じられたので，それに触発されて架空の請求項をつくってみました（表13.1）．ポリプロピレン（PP）に，植物由来の樹脂（ポリ乳酸）と古代藻類の化石（珪藻土）を配合して生分解性を高めたストローの発明です．この具体例を題材にして，請求項の記載方法について勉強していきましょう．

表13.1　特許請求の範囲の記載方法の例

【請求項1】	ポリプロピレン100質量部，ポリ乳酸20〜50質量部及び珪藻土30〜100質量部を含む，樹脂組成物．
【請求項2】	ポリプロピレンが，エチレン-プロピレン共重合体である，請求項1に記載の樹脂組成物．
【請求項3】	エチレン−プロピレン共重合体が，エチレン単位を1〜10モル%含むエチレン-プロピレンブロック共重合体である，請求項2に記載の樹脂組成物．
【請求項4】	さらに可塑剤を1〜5質量部含む，請求項1〜3のいずれかに記載の樹脂組成物．
【請求項5】	ポリプロピレン，ポリ乳酸及び珪藻土を溶融混練する，請求項1〜3のいずれかに記載の樹脂組成物の製造方法．
【請求項6】	ポリプロピレン，珪藻土及び可塑剤をあらかじめ溶融混練してから，ポリ乳酸を加えて溶融混練する，請求項4に記載の樹脂組成物の製造方法．
【請求項7】	請求項1〜3のいずれかに記載の樹脂組成物からなるストロー．
【請求項8】	ポリプロピレン100質量部，無機充填剤30〜100質量部及び可塑剤1〜5質量部をあらかじめ溶融混練してから，ポリ乳酸20〜50質量部を加えて溶融混練する，樹脂組成物の製造方法．

❗ 従属請求項

　請求項1は3成分を一定の割合で含む樹脂組成物ですから，この権利範囲はわかりやすいでしょう．つぎに請求項2を見ると，文末が「〜請求項1に記載の樹脂組成物．」となっています．このような場合に「請求項2が請求項1に従属している」といいます．このときの請求項2の権利範囲については，「請求項1を満足する樹脂組成物であって，なおかつ，ポリプロピレンがエチレン−プロピレン共重合体である」と解釈します．つまり，請求項1の権利範囲の内側にある，さらに狭い範囲が請求項2の権利範囲となります．

　図13.1に請求項1〜4の権利範囲の関係を示します．独立請求項1（独立請求項については以降で詳しく説明します）に請求項2〜4が従属しています．図13.1を見ると，請求項1の内側に請求項2が，請求項2の内側に請求項3があります．そして請求項4は，「請求項1〜3のいずれか」に従属していて，請求項1に従属する請求項4と，請求項2に従属する請求項4と，請求項3に従属する請求項4の三つの別の権利があると解釈します．権利範囲が最も広いのが請求項1で，最も狭いのが請求項3に従属する請求項4です．通常，この一番狭い範囲（図13.1の濃い茶色部分）のなかにベストの実施例（☆）があります．

　図13.1を見ると，請求項1が特許されるのであれば，請求項2〜4はなくてもよいようにも思えますが，なぜこのような従属請求項を設定するのでしょうか．

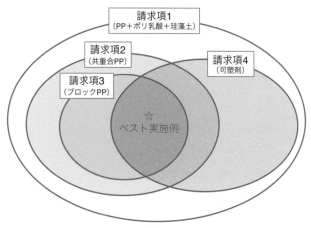

図13.1　請求項1〜4の関係

　そのおもな理由は，審査の際に対応策を立てやすくなるからです．審査官は，すべての請求項の特許性を個別に審査してくれるので，たとえば「請求項3なら特許してもよい」という審査結果を受け取った場合，「請求項3 なら権利化できる」という前提であれこれと対応策を考えることができます（具体的な考え方は次項で説明します）．

　ですから，「請求項をたくさん書いておくほど安心です！」といいたいところですが，請求項が多いとお金がかかるので（休憩時間参照），ほどほどにということになります．

❗ 発明のカテゴリー

　請求項1〜4の対象は「樹脂組成物」，請求項5，6，8の対象は「樹脂組成物の製造方法」，請求項7の対象は「ストロー」です．1件の特許出願のなかに「材料（物）」，「材料の製造方法」，「用途（物）」のカテゴリーの請求項が設定されており，材料系の特許出願における典型的なスタイルであるといえます．このように，1件の出願のなかにさまざまなカテゴリーの請求項を組み合わせて記載しておくことによって，審査の際に対応しやすくなります．

　前項で述べたような，「請求項3のブロック共重合体なら特許されそう」な場合は，ブロック共重合体以外のポリプロピレンを用いて第三者が実施するのを許せるか，という点が悩みどころです．一方，「請求項6のあとからポリ乳酸を加えて溶融混練する方法が特許されそう」なときはポリプロピレンの種類を限定せ

ずにすみますが，その方法以外で第三者が実施するのは自由ですし，仮に第三者が侵害したとしてもそれを把握するのは困難です．また，「請求項7のストローが特許されそう」なときには，そのほかの用途を第三者に実施されてもよいかどうかの検討が必要です．

　このように，「物」，「製造方法」，「（物の）用途」のように請求項のカテゴリーが違うと，得られる権利の広さや強さが異なります．したがって，審査官の出方を見ながら，実際のビジネス活動のなかで役立つ請求項を選択して権利化を進めていくのです．そのため，さまざまなカテゴリーの請求項を準備して，審査官の意見に対応できるオプションを増やしておくことが重要なのです．

❶ 独立請求項

　つぎに，請求項8を見てみると，「～請求項○に記載の」という従属フレーズが記載されていません．このように，ほかの請求項に従属していない請求項を「独立請求項」といいます．表13.1に示した例では，請求項1と8が独立請求項であり，請求項2～7は請求項1の従属請求項ということになります．

　請求項2～7の権利範囲は，請求項1の権利範囲のなかに含まれます．一方，請求項8では「珪藻土」が「無機充填剤」に拡張されているので，請求項1からはみだした部分があります．すなわち，請求項8では，請求項1に従属させずに独自の範囲を権利化することを目指しているのです．

　しかし，このようにはみだした請求項を1件の出願のなかにいくつも記載してよいかというとそうではありません．特許法第37条では，先行技術から区別できるような特別な技術的特徴が共通する発明どうしでなければ1件で出願できないと規定して，「発明の単一性」を求めています．とはいえ，実際の審査では審査官の裁量でまとめて審査されることも多いので，単一性をあまり気にせず，文句をいわれてから対処することが多いです．

❶ 出願戦略

　このように，請求項の組み合わせ方は，特許出願の戦略のキモといえるでしょう．まずは広く構えながらも，審査のなりゆきに従って柔軟に権利範囲を狭めて対応できるように，想像力を働かせてあの手この手を仕込んでいるのです．請求項の設定作業は，策略を張り巡らせて自陣を少しでも広げようとする陣取り合戦のようなものなのです．

☕ 休憩時間　請求項の数とお金の関係

本文で説明したように，請求項をたくさん書けば審査のときに対応しやすくなるので，できれば請求項の数は増やしたいところです．しかし，請求項の数を増やすとお金（特許庁へ支払う印紙代）がかかるのが難点です．以下に詳しく見ていきましょう．

・審査請求料
　138,000円＋4,000円×請求項数
・登録後の維持年金
　（1年あたりの費用）
　　1〜3年度：
　　4,300円＋300円×請求項数
　　4〜6年度：
　　10,300円＋800円×請求項数
　　7〜9年度：
　　24,800円＋1,900円×請求項数
　　10〜年度：
　　59,400円＋4,600円×請求項数

実は，このように請求項の数に応じて費用が増える国は多くありません．審査請求料に関しては，アメリカは20項，ヨーロッパは15項，中国は10項までは追加費用が発生せず，維持年金に関しては，これらの国では請求項数に限らず一律です．

審査時には請求項ごとに審査をするので，審査官の手間が増える分だけ費用がかかるのはまだ納得できます．しかし，「発明の単一性」を満足しているにもかかわらず，維持年金も請求項数に応じて増える日本の制度は，ちょっと筋が通らないのではないかと個人的には思っています．

実は日本と韓国の特許法はとてもよく似ていて，韓国でも審査請求料や維持年金は請求項数によって加算されます．ただし韓国では，特許査定後に不要な請求項を削除できる制度を導入したので，不要な維持年金を支払わずにすむようになりました．

このように，日本の特許制度は，請求項を増やすことによって出願人が金銭的に損をする制度なのです．本文でも説明しているように，複数の請求項をうまく設定して強い特許を出願することが大事なのに，制度が少々足を引っ張っている感が否めません．自国の特許制度が強い特許権を取得しやすいしくみになっていることは国際競争上重要なことですから，わが国も世界の多くの国と足並みを揃えればいいのに…と思わざるをえません．

第⑭講　明細書の書き方（前編）

関連するホーリツ

特許法

第1条（特許法の目的）
　この法律は、発明の保護及び利用を図ることにより、発明を奨励し、もって産業の発達に寄与することを目的とする。

第36条第4項（発明の詳細な説明の記載要件）
　前項第三号の発明の詳細な説明の記載は、次の各号に適合するものでなければならない。
　一　経済産業省令で定めるところにより、その発明の属する技術の分野における通常の知識を有する者がその実施をすることができる程度に明確かつ十分に記載したものであること。（第二号以下略）

第36条第6項（特許請求の範囲の記載要件）
　第二項の特許請求の範囲の記載は、次の各号に適合するものでなければならない。
　一　特許を受けようとする発明が発明の詳細な説明に記載したものであること。
　二　特許を受けようとする発明が明確であること。（第三号以下略）

　第11〜13講で，特許権の権利範囲を画定する「特許請求の範囲」について解説しました．一方，特許出願の際に提出する書類中には，「特許請求の範囲」とは別に，「明細書」というものがあります．「明細書」は，発明の技術内容を説明するもので，量的には特許出願書類の大半を占めています．本講ではこの「明細書」の役割と記載要件について説明します．

❶ 明細書の役割

　第1講でも説明したように，特許法は「発明の保護及び利用を図ることにより，発明を奨励し，もって産業の発達に寄与すること」を目的としています（特許法第1条）．すなわち産業を発達させるためには，第三者が発明を「利用」できるようにしなければなりません．このとき，第三者が発明の技術内容を十分に理解し，利用できるようにするための技術文献としての役割を明細書が担っています．したがって，このような役割を果たせないような明細書を特許庁に提出しても，

特許権は付与されません.

🖲 明細書の記載要件

　明細書を記載する際に要求される条件（記載要件）については，特許法第36条に規定されています．そのおもなものは，表14.1に示す「実施可能要件（４項１号）」，「サポート要件（６項１号）」，「明確性要件（６項２号）」です．これらの条件を満足しない特許出願は，記載要件違反であるとして特許されないため，しっかり理解しましょう.

　以下でそれぞれの要件について説明します．「サポート要件」と「明確性要件」は，請求項の記載に対する要件で，結局，明細書の記載内容とセットで判断されますので，まとめて説明します.

表14.1　明細書の記載に要求されるおもな要件

実施可能要件 （第36条第４項第１号）	第三者が実施可能なように記載すること
サポート要件 （第36条第６項第１号）	請求項に記載された発明が明細書に記載されたものであること
明確性要件 （第36条第６項第２号）	請求項に記載された発明が明確であること

🖲 実施可能要件

　特許法第36条第４項第１号に規定されているように，明細書（「発明の詳細な説明」）には，「その発明の属する技術の分野における通常の知識を有する者がその実施をすることができる程度に明確かつ十分に記載したものであること」が要求されます．したがって，その技術分野の研究者が理解でき，実施できる程度にしっかり記述する必要があり，これを「実施可能要件」といいます．具体的には図14.1に示すように，発明のカテゴリーごとにそれぞれ記載すべきことがあります.

　「物の発明」の場合には，まず，「その物をつくれる」ように記載しなければなりません．たとえば有機化合物についての発明であれば，出願時の技術常識を知っている当業者が合成できる場合を除き，その合成方法が具体的に説明されていることが求められます．有機合成は「混ぜてみなければわからない」ことが多いですから，通常，実施例中に合成実験の結果を記載する必要があります.

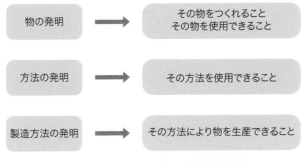

図14.1　カテゴリーごとの実施可能要件

　第三者が追試できる程度に実験結果を記載するという点では，学術論文と同じといえるでしょう．ただし明細書においては，特許請求の範囲全体に含まれる物をつくれることが要求される点に大きな違いがあります．本書で繰り返し伝えているように，特許出願でサポートすべきは「点」ではなく「範囲」なのです．したがって，特許請求の範囲に含まれるすべての物がつくれるように明細書中で説明し，実施例を記載しなければなりません．学術論文であればトップデータを記載し，それを追試できれば問題ありませんが，特許出願の場合にはそれだけでは不十分なのです．トップデータももちろん記載しますが，請求する範囲の境界付近の物もつくれるような説明が必要になるのです．

　図14.2に学術論文と明細書での実験結果の記載方法の違いを示します．学術論文では，そもそも「範囲」という概念がないので，追試できる実験結果が一つでも問題ないでしょう．一方，明細書の場合には，特許請求の範囲全体を追試可能

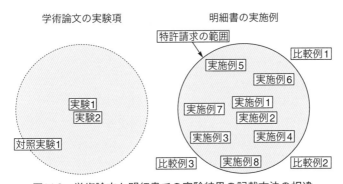

図14.2　学術論文と明細書での実験結果の記載方法の相違

にしなければならないので，たくさんの実験結果を記載することが多いです．これによって，次項で説明するサポート要件も満たされます．

また，「物の発明」の場合にはさらに，「その物を使用できる」ように記載することも求められます．たとえば化合物の発明の明細書を書くとき，まずその化合物を使用できることを示すために，一つ以上の技術的に意味のある特定の用途を記載します．さらにその用途を裏づける実施例，たとえば医薬用途であれば，それを裏づける薬理効果を示す実施例が必要な場合が多いです．

「方法の発明」の場合には，「その方法を使用できる」ように記載することが要求されます．また，「製造方法の発明」の場合には，「その方法により物を製造できる」ように記載しなければなりません．具体的にいうと，当業者がその物を生産できるように，原則として①原材料，②その処理工程，および③生産物の三つの記載が必要ということです．

なおここで，特許法で規定される実施可能要件は「発明の詳細な説明の記載要件」なのですが，「発明の詳細な説明」が明細書の大部分を占める項目ということもあって，「明細書の記載要件」といわれることも多いです．

❗ サポート要件

特許法第36条第6項第1号では，「特許を受けようとする発明が発明の詳細な説明に記載したものであること」が要求されます．これは，公開されていない発明について特許権が発生することを防ぐための規定です．すなわち，請求項に記載された発明は明細書でしっかりとサポートされている必要があり，これを「サポート要件」といいます．

この記載要件は，先に説明した明細書の実施可能要件を「特許請求の範囲の側」から捉えたような規定であり，実際の審査でも，同じ請求項と明細書の組合せに対して，実施可能要件違反とサポート要件違反の両方がセットで指摘されることがよくあります．このような場合には，一方に対して反論することで他方も解消することになります．

とはいえ，「実施可能要件」と「サポート要件」の趣旨は異なるので，もちろん片方だけが問題視されることもあります．化学分野でしばしばサポート要件違反と見なされるのは，実施例が不足している場合です．これは，少ない実施例だけでは特許請求の範囲の全体にまでサポートを拡張することはできない，ということです（図14.2右）．出願時に実施例をたくさん記載すれば防ぐことができま

すが，そのために出願が遅くなっても困りますので，悩ましいところです（第9講「特許出願に必要な実験データとは？」参照）．また，実施例をどこまで詳しく書けばよいのかも悩ましいところです（休憩時間参照）．

❹ 明確性要件

　特許法第36条第6項第2号では，特許請求の範囲の記載について「特許を受けようとする発明が明確であること」が要求されます．これは，境界のはっきりしない特許権が発生して，不要な争いが生じることを防ぐための規定です．前項のサポート要件と同様に，明確性要件も請求項の記載に対して要求される要件です．ただし，請求項で用いている用語を明細書中で明確に説明すれば解消することが多いので，結局のところ明細書の問題ともいえる要件です．

　概念的で広い技術用語は，多くの場合曖昧なものです．したがって，その用語の定義を明細書中で明確に説明しておくことが重要です．また，それでも曖昧だと判断された場合に，より狭くて明確な技術用語に差し替えられるように，やはり明細書中に準備をしておけば，審査のなりゆきに従って対応することができます．

　請求項に記載された発明を第三者が実施することができ（実施可能要件），そして明細書の記載内容に比べて不当に広い権利を発生させず（サポート要件），さらに不明確な境界をもつ権利を発生させないために（明確性要件），特許法は，明細書および特許請求の範囲の記載要件を規定しています．審査を受けていると，細かくてうるさい審査官に腹が立つこともあるのですが，不当な権利の発生を防止してくれるのですから，文句ばかりいうことはできませんね．

☕ 休憩時間　実施例はどこまで詳しく書くべきか？

「中務さん，実施例はどこまで詳しく書かなきゃいけないんですか？」とよく聞かれます．これに対して，私はひとまず「第三者が追試して同じことを実施できる程度に記載してください」とお願いしています．でも本当のところは，「第三者が実施できるように」ではなく，「審査官に文句をいわれないように」書けばよいのです．

第13講で，特許請求の範囲の記載方法の例としてあげた「ポリプロピレン，ポリ乳酸，および珪藻土を含む樹脂組成物からなる生分解性ストロー」では，そこで用いられるポリプロピレンには「エチレン－プロピレンブロック共重合体」が好ましいとして，それを従属請求項に記載しました．このような場合，その請求項に記載した発明をサポートするためには，実施例でポリプロピレンについて具体的に説明せざるをえません．

一方，珪藻土にも銘柄によってよ

しあしがあり，多数検討した結果，ある銘柄が最良であるとわかったとしましょう．しかし，その銘柄がよい理由がわからない場合には，珪藻土をさらに特定のものに絞り込む請求項を設定することができません．このようなときに，実施例に珪藻土の銘柄を書いてしまうと，権利化の役に立たないのにノウハウだけが流出してしまいます．

このように，権利を得るために使う勝負球であれば，それを実施例に詳しく記載しなければなりませんが，勝負球として使わないものは，ノウハウ流出を防止するためにあっさり書いていても審査官に指摘されないことが多いのです．

実施例を作成する際にノウハウを開示すべきか秘匿すべきかの判断は容易ではありませんが，ケース・バイ・ケースでよく考えましょう．不用意にノウハウが流出するのを防ぎたいものです．

第⑮講　明細書の書き方（後編）

関連するホーリツ

特許法

第1条（特許法の目的）

この法律は、発明の保護及び利用を図ることにより、発明を奨励し、もって産業の発達に寄与することを目的とする。

第36条第4項（発明の詳細な説明の記載要件）

前項第三号の発明の詳細な説明の記載は、次の各号に適合するものでなければならない。

一　経済産業省令で定めるところにより、その発明の属する技術の分野における通常の知識を有する者がその実施をすることができる程度に明確かつ十分に記載したものであること。（第二号以下略）

第36条第6項（特許請求の範囲の記載要件）

第二項の特許請求の範囲の記載は、次の各号に適合するものでなければならない。

一　特許を受けようとする発明が発明の詳細な説明に記載したものであること。

二　特許を受けようとする発明が明確であること。（第三号以下略）

　第14講では，「明細書」の役割と記載要件について，法律上の要請に基づいて解説しました．本講は法律上の立場を離れ，強い特許権を得ようとする出願人の立場から見て，明細書をどう記載すればよいのかを説明します．

🕐 明細書の役割のホンネ

　特許法は「発明の保護及び利用を図ることにより，発明を奨励し，もって産業の発達に寄与すること」を目的としています（特許法第1条）．したがって，産業の発達のために第三者が発明を「利用」できるようにしなければなりません．そのため明細書には，第三者が発明の技術内容を十分に理解し，利用できるように記載することが求められます．これが第14講で説明した明細書の記載要件です．一方，発明した者に特許権を与えてその発明を「保護」することも重要です．つまり，発明の「保護」と「利用」を図って，バランスよく産業を発達させるのが特許法の目的です．

　しかし，出願人が明細書を作成する際には，「『保護』と『利用』のバランス」なんて綺麗事などといっていられません．自分の会社の発明が最大限に「保護」されて広くて強い特許権を得るとともに，競合会社の「利用」を最低限に食い止めたいはずです．明細書は世のため人のために書くものではなく，自社のビジネスに役立てるために書くものです．そのような立場に立った明細書の書き方について説明していきます．

❗ 特許されるための記載

①概要

　まずは，審査官に拒絶されないように記載すべきであることはいうまでもありません．そのためには，第14講で説明した記載要件（特許法第36条第4項および第6項）に適合する明細書を書く必要があります．そのうえで，特許法の定める記載要件とは別に，特許されるための記載をいかに充実させるかが大事です．特許されるための「有利な効果の記載」と「請求項を減縮補正するための記載」について，以下で説明します．

②有利な効果の記載

　第6講の「進歩性とは？（後編）」でも説明しましたが，化学発明の進歩性を主張するのに最も役立つのが，先行技術と比べた「有利な効果」です．けれども，将来の審査において審査官が引用してくる先行技術を予測することは容易ではありません．したがって，審査官がどのような先行技術を引用してきても対応できるように，請求項に記載されている構成によって奏される効果を，明細書中にあらかじめ記載しておくことが有効です．先行技術からの進歩性を主張する際に，「全然違う効果を奏しているから，先行技術に基づいて思いつけるものではない」と主張しやすくなります．

　ここでは，第13講で例示した請求項を題材にして，わかりやすく具体例を説明します．

【請求項1】　ポリプロピレン100質量部，ポリ乳酸20〜50質量部及び珪藻土30〜100質量部を含む，樹脂組成物．

　この請求項を説明する明細書には，ポリプロピレンを採用したことによる効果，

ポリ乳酸を採用したことによる効果，珪藻土を採用したことによる効果，ポリ乳酸の配合量を20質量部以上としたことによる効果，ポリ乳酸の配合量を50質量部以下としたことによる効果，珪藻土の配合量を30質量部以上としたことによる効果，珪藻土の配合量を100質量部以下としたことによる効果，を可能であればすべて記載します．

　ここまででも，すでにかなりくどいですね．しかし，もし，のちの審査過程でポリプロピレンの代わりにポリエチレンを用いた組成物が先行文献に記載されていることを審査官から指摘されたとしても，本発明でポリプロピレンを採用することにより奏される効果を出願時の明細書の記載に基づいて説明したうえで，ポリエチレンではその効果が奏されないことを説明して，進歩性を主張することができます．

　どの方向から先行技術が攻めてくるのか，出願時に完全に予測することはできません．ですから，全方位の守りを固めるために，少々くどくなりますが，すべての構成について，その効果を説明しておくのが望ましいのです．

③請求項を減縮補正するための記載

　審査の過程で，出願時に知らなかった先行技術を審査官が引用して，新規性や進歩性が失われてしまうのはよくあることです．これに対しては，権利範囲を減縮して先行技術と区別するとよいのですが，出願時に明細書中に記載していなかった構成を，あとになって請求項に組み込むことは許されません．したがって，将来の「選択肢」をあらかじめ明細書に記載しておくことが有効です．

　たとえば，先の請求項でのポリ乳酸の配合量の下限値は20質量部以上ですが，「24質量部以上がより好ましく，28質量部以上がさらに好ましい」などと明細書に記載しておくのです．そうすれば，ポリ乳酸を22質量部含む組成物を記載した文献が引用されたときに，24質量部以上に限定すれば区別できます．図15.1に記載されているように，上限値と下限値の好適な数値をあらかじめ準備していれば，一部（点線部分）だけを切り捨てて先行技術と区別することができます．性能の少し劣る一部を切り捨てて特許されるのと，全体が拒絶されるのとでは大違いです．

　図15.1の例では，ポリ乳酸と珪藻土のそれぞれについて上限値と下限値を三つずつ用意して明細書に記載しているので，両者の数値範囲の組合せは$3^4＝81$通りです．81個の請求項を設定するわけにはいかないので，明細書中には記載してお

いて，必要なときに請求項に導入します．数値だけではなく，化合物などについても同様であり，たとえば請求項には「有機溶媒」と記載しておき，将来好適なものに限定できるように，明細書中には「アルコール」→「炭素数1〜4のアルコール」→「メタノール又はエタノール」→「メタノール」というように，好適なものを段階的に記載しておくのです．

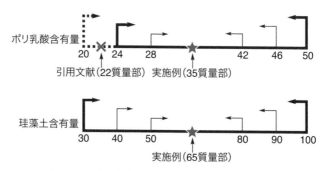

図15.1　明細書中の好適な数値限定の記載方法

❗ 他人が特許されないための記載

　特許出願の明細書が学術論文と最も大きく異なる点は，「自分が特許を取るための記載」だけでなく，「他人に特許を取らせないための記載」が存在することです．

　明細書を読んだことのある人であれば，どうでもよさそうなことを長々と書いているのを見たことがあるでしょう．たとえば，「本発明の樹脂組成物には，酸化防止剤を配合してもよい．ここで用いられる酸化防止剤としては，酸化防止剤A，酸化防止剤B，酸化防止剤C，……（延々と酸化防止剤の化合物名が列挙される）」というような記載です．酸化防止剤を用いた実施例が記載されているわけでもないので，酸化防止剤を請求項に組み入れることもできず，特許を取得するうえではなんの役にも立ちません．

　しかし，もし将来になって競合会社が酸化防止剤Bが特別に有効であることを見いだしたらどうでしょう．この場合，競合会社に「ポリプロピレン，ポリ乳酸，珪藻土及び酸化防止剤Bを含む樹脂組成物」という特許権を取得される恐れがあります．そうすると，図15.2に示すように，自分の特許権の範囲内に，第三者の特許権により実施できない範囲（白抜き部分）ができてしまいます．そして，そ

の部分でカバーされる樹脂組成物は高性能なのです．もちろん，自社特許が存続
しているあいだは，第三者はその白抜き部分を実施することができませんが，自
社特許は先に権利満了してしまいますので，それ以降は高性能な改良発明をライ
バル会社が独占的に実施できるようになってしまいます．

図15.2　第三者の改良特許との関係

　このような事態を未然に防ぐために，とりあえず思いつきそうなことを，明細
書中に片っ端から列挙しておくのです．そうすれば，「ポリプロピレン，ポリ乳酸，
珪藻土及び酸化防止剤Bを含む樹脂組成物」は本件の公開公報に記載されている
として，新規性が否定されやすくなります．

　このように，自社の実施の余地をできるだけ広く残すために，競合会社が手を
だすかもしれないことを延々と書いておくのです．この点は，学術論文とは決定
的に異なります．

　以上のように，自分が強い権利を取得し，他人が権利を取得するのを妨げよう
とすれば，明細書は長くならざるをえません．請求項は読みにくい独特の文章で
すし，明細書には一見してどうでもよさそうなことが長々と記載されていますが，
それらにはちゃんとした理由があることをご理解いただけたでしょうか．

☕ 休憩時間 明細書作成の流儀

私が化学会社の研究所から特許部に異動し，明細書を作成するようになってから四半世紀以上になります．異動してからの2年間は，ベテラン特許部員Nさんにマン・ツー・マンの指導を受けることができました．私が明細書の書き方を徹底的に教わったのはその2年間だけであり，その後はむしろ指導する側でしたので，Nさんは唯一の師匠ということができます．まさに「徒弟制」という言葉がしっくりくるような関係だったと思います．楽しく指導していただいたおかげで，私の書く明細書はNさんの流儀を色濃く受け継いでいます．

明細書の書き方についての本は数多く出版されていますし，特許庁も審査基準や審査ハンドブックといった審査のためのガイドラインを発行しています．また，裁判所の判例が明細書の記載方法に影響を与えることもあります．したがって，私もそのような情報に従って明細書の書き方を日々アップデートしているのですが，それは実体的な部分だけであって，書き方の流儀のようなものはあまり変わっていないように感じています．

この「流儀」は実体的なものではなく，どのようないい回しでどのような順番で書くか，という形式的なものです．お茶をいだだく前にお茶碗を回す所作のようなものといえばいいでしょうか．

私が特許業務の未経験者を指導したら，私と似たような流儀の明細書を書くようになります．おかしなもので，ほかの特許事務所から転職してきたスタッフを指導しても，あまり私と似た流儀の明細書を書くようにはならない印象があります．明細書の良し悪しには関係ないのですが，やはり最初に刷り込まれる流儀の影響が大きいのでしょう．

このように，伝統芸能が継承されていくかのごとく，明細書作成の流儀も継承されていくようです．とはいえ，昨今の情報処理技術の進歩を見ていると，いずれは人工知能（AI）が明細書作成のアシストをするようになって，流儀のようなものはなくなってしまうのかもしれません．でもそうなると，なんだか味気ないなあ，などと思ったりもするのです．

Part V
特許出願の審査と
外国への出願

「特許出願してから特許されるまで」
～日本や外国の審査官とのロンリ的戦い～

　ようやく特許出願が済んだと思ったら今度は審査です．特許庁審査官との頭脳バトルゲームを勝ち抜くためには，ゲームのルールを知っておき，相手の出方に応じて効果的な手札を使わなければなりません．

　ここでは，特許出願後の審査手続の概略を説明します．

　そして，海外展開を意識しない技術開発は今やほとんどないでしょうから，国際ビジネスでの心強いツールとして外国特許の取得も目指したいところです．けれども，ところ変われば何とやらで，外国には外国の流儀があって，外国へ特許出願する際には，法律の相違や言語の相違など，大きな壁を乗り越えなければなりません．外国特許を取得する際に知っておきたいアレコレについても解説します．

▶第⑯講　審査手続について
▶第⑰講　外国への特許出願について（前編）
▶第⑱講　外国への特許出願について（後編）

第⑯講　審査手続について

　第11～13講では「特許請求の範囲」の記載方法について，第14～15講では「明細書」の記載方法について解説しました．これらの書類を願書や図面などとともに特許庁に提出すれば，特許出願は完了となります．この後，いよいよ審査に進みます．本講では，この審査手続について解説していきましょう．

🔔 審査手続の流れ

　図16.1に審査手続の概略を示します．まず，特許出願されたもののうち審査請求されたものが，特許庁審査官によって審査されます．審査の結果，拒絶理由が見つからなかった出願は特許査定され，特許権が設定登録されます．一方，拒絶

理由が見つかった出願に対しては，拒絶理由通知が発せられ，反論の機会を与え
たうえで拒絶理由が解消しなければ拒絶査定されます．拒絶査定に不服のある出
願人は上級審である不服審判を請求して，特許庁審判官の判断を仰ぐことができ
ます．ここまでが行政手続です．

　不服審判で拒絶審決を受けた出願人は，さらに知的財産高等裁判所に訴えるこ
とができ，その後，最高裁判所に上告することもできます．このように出願人に
は，審査，審判，知財高裁，最高裁の 4 回のチャンスが与えられています．

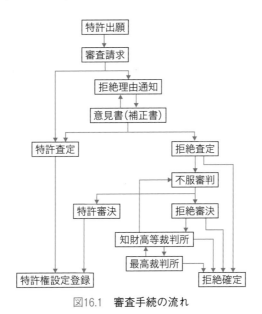

図16.1　**審査手続の流れ**

❹ 審査請求のもつ意味

　意外に思われるかもしれませんが，実は特許出願をすればそのすべてが審査さ
れるというわけではありません．審査を受けるためには，審査請求という手続き
をする必要があります．審査請求の期限は出願日から 3 年となっており（特許法
第48条の 3 ），うっかり忘れると出願を取り下げたとみなされますので，期限の
管理は大事です．

　出願時にかかる費用（印紙代）が14,000円なのに対し，審査請求にかかる費用
は請求項が10項あれば178,000円（中小企業や大学は半額またはそれ以下）です
から，けっこうな金額です．この費用設定は， 3 年のあいだに不要になった発明

を審査しないことによって，審査官の負担を減らしたいという意図によるものです．何しろ審査官はとても忙しいのです（休憩時間参照）．

　電子工学のように技術革新のスピードが速い分野では，早期に審査請求する場合が多いようですが，化学分野では製品化までに時間がかかり製品寿命も長いので，期限の3年まで審査請求を待つことが多いようです．たとえば，最終的に拒絶査定される可能性のある出願であれば，審査を遅らせることによって，拒絶査定が確定して第三者が安心して参入できるまでの期間を長くすることができます．特許になるかもしれない出願があると，第三者としては嫌なものです．他にもいくつか理由があって，審査は早ければよいというものではありません．かつて（2001年まで）は審査請求期間が7年もあったのですが，化学会社が出願した多くの出願が実に7年間も待ってから審査請求されていたのです．

❗審査結果の通知

　審査請求された出願は，審査官によって審査されます．審査請求後，平均10.1カ月（2022年実績）で審査の結果が通知されます．審理を急ぐ場合には，早期審査を請求すれば平均2.2月で審査してもらえますし，費用もかかりません．

　審査の結果，拒絶理由が見つからなければ特許査定されますが，拒絶理由が見つかれば拒絶査定されます（特許法第49，51条）．ただしいきなり拒絶査定が通知されるのではなく，まずは拒絶理由が通知されて，出願人に反論の機会が与えられます（特許法第50条）．

　審査では，拒絶理由通知なしの「一発特許査定」が必ずしもよいとは限りません．できるだけ広い権利を得ようとしてギリギリまで広く請求項を設定すればするほど，拒絶理由通知を受けやすくなるものです．

❗拒絶理由通知への応答

　拒絶理由通知にうまく対応して，いかに広く強い権利を得るかが，われわれ代理人の腕の見せどころです．このとき，拒絶理由通知に対して反論するために提出するのが「意見書」です（特許法第50条）．意見書では，拒絶理由が解消したことを，審査基準に沿って主張します．

　その際，最もよく議論されるのが進歩性（特許法第29条第2項：第5〜6講参照）であり，先行文献に記載された発明に基づいて，当業者が容易に発明することができたかどうかを議論します．この議論の際には，技術を一番よく知ってい

る発明者の率直な意見が正解であることが多いように思います．われわれ代理人は，その意見を法律のフォーマットに乗せる作業をお手伝いするのが仕事なのです．

　意見書を提出するときに，併せて「手続補正書」というものを提出して，請求項や明細書を補正することができます．これによって，第15講で説明したように，先行技術との区別のために権利範囲を狭く限定したり，明細書の記載不備を解消したりできます．ただし，出願時に記載されていないことを請求項や明細書に追加することはできないので，出願時にしっかり記載しておくことが重要です．

❶ 応答方法のあれこれ

　拒絶理由通知に対しては，通常，意見書と補正書を書面で提出します．必要な場合は，追加の資料を提出することもできます．追加資料としては，実験データ，学術論文，カタログなど，主張の役に立つ書面であれば何でも提出することができます．

　審査官と面接することも可能です．特許庁で直接会ってもよいですし，特許庁が遠い場合などは近くまで来てもらうようにお願いできます（旅費は特許庁持ちです）．また電話，ファクシミリ，Web会議システムなどを用いて議論することもできます．直接会えれば発明品の現物を見せることもでき，日ごろ書面ばかりを相手にしている審査官の理解を助けます．面と向かって話をすると，踏み込んだ議論ができるのでわれわれの主張を理解してもらいやすいと思います．

　また，拒絶理由通知を受けたとき，その出願の一部を分割して別の出願とし，2件に分けて審査を受ける方策もあります．これを繰り返せば，かなり長期間，拒絶査定を確定させずに出願を維持して粘ることも可能です．重要な案件であれば，このようにあの手この手を駆使して拒絶理由通知に対応します．

❶ 反論の余地があるなら審判請求

　拒絶査定に不服があれば，不服審判を請求することができます（特許法第121条）．審判では，特許庁で審査官を一定期間務めた後に昇格した審判官3人の合議体が判断してくれます．審判手続中に補正書を提出して権利範囲を狭くするという手も使えますので，審判請求したうちの約80％が特許審決を得ています．

　2021年に請求された不服審判の請求件数は16,894件であり，拒絶査定になったうちの20〜30％程度は審判請求されているようです．また，審判請求にかかる印

紙代は，請求項10項の場合で104,500円ですから，ベテラン 3 人に審理してもらうわりにそこまで高額ではありません．したがって出願人は，反論の余地があるちょっと重要な案件ならば，あまり躊躇せずにすぐに審判請求しているようです．

❗ 訴訟まで至るのは少数

　行政法の原則に従えば，行政機関が下した処分に対して不服がある場合には，裁判に訴えることができます．したがって，特許庁の最終判断である拒絶審決に対しても裁判に訴えることができます．

　拒絶審決に不服がある出願人は，知的財産高等裁判所（知財高裁）に申し立てることができます．特許法第178条には「東京高等裁判所」と記載されているように，知財高裁は東京高裁の支部という位置づけなのです．その後，さらに不服があれば最高裁に上告することもできますが，多くの場合は受理されないようです．

　日本の司法制度では，通常，地方裁判所，高等裁判所，最高裁判所の三審制が採用されていますが，特許庁の審判手続がしっかりしているという理由で，特許審査関連の訴訟については第一審（地裁）が省略されています．ただ，実際に2021年に提起された特許出願の拒絶審決取消訴訟の件数は30件余りとごく少数であり，しかも過半数の訴訟で出願人が敗訴しています．多くの出願人は，裁判所まで行って争うのを躊躇するようですし，争っても勝ち目は少ないといえるでしょう．

　特許出願してから，特許権が設定登録されるまでの経過は，案件によってさまざまです．思いがけず簡単に特許される場合もありますし，厳しい審査官や審判官に当たってしまい，苦労してようやく特許される場合もあります．こうして特許権が設定登録されたあとであっても，第三者が異議申立や無効審判請求をすることによって，特許権が取り消されることがあります．特許されても「一件落着」ではなく，「ほっと一息」というほうが正しいのかもしれませんね．

☕ 休憩時間　審査官は忙しい

　特許庁の審査官は国家公務員です．国家公務員の総合職試験（技術系区分）に合格した人のうち，特許庁に採用された人が特許審査官になります．2023年度は採用者が42人で，「化学・生物・薬学」分野の採用数はそのなかの一部にすぎませんから，化学を専門とする人が審査官になるのは，かなりの狭き門だといえるでしょう．

　特許審査官の総数は約1700人で，近年は横ばいです．1年間に審査請求される特許出願の件数は約23万件ですから，人数で割ると1人あたりおよそ135件になります．ですが，何回も拒絶理由通知が発せられる案件もあるでしょうし，審査以外の業務をしなければならない日もあるでしょう．そうすると，結局，1日1件くらいのペースで審査しなければなりません．特許出願の明細書を読んで引用文献の記載を確認し，拒絶理由通知を起案しなければいけないのですからたいへんです．

　一方，欧州特許庁には審査官が4100人もいるのに，出願件数は約19万件です．また米国では審査官7800人に対して，出願件数は59万件です．したがって，日本の審査官は欧州の

2.9倍，米国の1.8倍のノルマに追われているといえます．ただ，中国や韓国は日本と大差ないので，アジアの国ぐにのノルマが厳しいようです．

　ところで，日本の審査官のなかには，「任期付審査官」が500人ほど含まれています．これは前述の国家公務員試験を受験せず，別の試験を受けて中途採用された5年任期の審査官です．昨今，公務員に占める有期雇用職員の増加が問題になっていますが，こんなところにもいるのです．均質な審査を担保することが重要ですから，新採用する審査官数を増やすべきだと思いますが，国家公務員の定員を増やすことは容易ではないのでしょう．

　会ってみると，審査官の方がたは，われわれと同じ技術者であり，担当分野についてよく知っています．発明の内容や周辺技術について，われわれ出願人サイドから学習しようとする意欲が窺える熱心な方が多く，特許になるかどうかの駆け引きはあるものの，案外楽しく議論できます．みなさんの同僚と同じような専門知識をもった人が審査していると思ってまちがいありません．

第⑰講　外国への特許出願について（前編）

関連するジョーヤク

パリ条約 (Paris Convention)

第４条（優先権）

　A（1）いずれかの同盟国において正規に特許出願（中略）をした者又はその承継人は、他の同盟国において出願することに関し、以下に定める期間中優先権を有する。

　B　すなわち、A（1）に規定する期間の満了前に他の同盟国においてされた後の出願は、その間に行われた行為、例えば、他の出願、当該発明の公表又は実施（中略）等によって不利な取扱いを受けない（以下略）。

　C（1）A（1）に規定する優先期間は、特許（中略）については12箇月（中略）とする。

第４条の２（特許の独立）

　（1）同盟国の国民が各同盟国において出願した特許は、他の国（中略）において同一の発明について取得した特許から独立したものとする。

特許協力条約 (Patent Cooperation Treaty)

第11条（国際出願日及び国際出願の効果）

　（3）（前略）国際出願は、国際出願日から各指定国における正規の国内出願の効果を有するものとし、国際出願日は、各指定国における実際の出願日とみなす。

第15条（国際調査）

　（1）各国際出願は、国際調査の対象とする。

第21条（国際公開）

　（1）国際事務局は、国際出願の国際公開を行う。

第22条（指定官庁に対する手続）

　（1）出願人は、優先日から三十箇月を経過する時までに各指定官庁に対し、（中略）所定の翻訳文を提出し並びに、該当する場合には、国内手数料を支払う。

　第16講で解説した，日本の特許庁での特許査定で発生するのは日本の特許権です．最近ではビジネス環境のグローバル化に伴い，海外でビジネスを行う場合も多くなりましたが，外国で特許権を取得するにはどうしたらよいのでしょうか．今回は，外国特許出願の意義とその手続について解説します．

● パリ条約と特許独立の原則

知的財産権を国際的に保護するために1884年に発効した条約が「工業所有権の保護に関するパリ条約」です．日本がこの条約に加入したのはその15年後の1899（明治32）年で，歴史的には日清戦争開戦の5年後にあたります．特許や商標などの知的財産権を国際的に保護するための条約に，日本は120年以上も前から加入していたのです．

パリ条約第4条の2には，「各加盟国で得られた特許はそれぞれ独立したものである」と規定されており，これを「特許独立の原則」といいます．したがって，各国ごとに特許出願し，各国ごとに特許権が設定されるのが原則です．時どき広告などで見かけることのある「世界特許」なるものは，存在しないのです．

● 日本特許の守備範囲

まずは日本国の特許権の守備範囲を確認しましょう．次に示す①〜④のビジネス状況を考えてみます．

① 日本国内製造 → 日本国内販売
② 日本国内製造 → 輸出 → 外国販売
③ 外国製造 → 輸入 → 日本国内販売
④ 外国製造 → 外国販売

日本特許は，日本国内での実施行為に対して有効ですから，赤字で示される行為を許可なく行っている第三者に対して権利行使することができます．したがって，日本特許で保護されるのは①〜③のケースであり，黒字のみで示される行為，つまり外国で製造して外国で販売する場合（④）以外は日本特許でカバーされます．このように，国際ビジネスをしているからといって必ずしも外国特許が必要なわけではありませんが，外国で生産する場合や，外国で大量に販売する場合には，その国の特許権を取得したほうがよいでしょう．

● どの国に出願するべきか

図17.1に示すデータを見ると，2020年に日本人が外国に特許出願した件数は19.5万件です．同じ年に日本人が日本出願した件数が22.7万件ですから，一つの発明が複数の国に出願されることを考慮しても，かなりの割合で外国出願されて

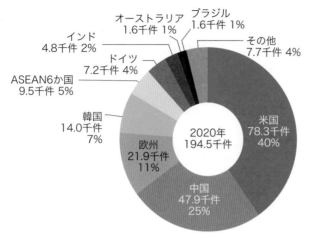

図17.1　日本から外国への特許出願件数
特許行政年次報告書2022年版13頁より抜粋.

いるといえます.

　出願先はなんといっても米国が多く, 次いで中国, 欧州, 韓国と続きます. こ
の上位4か国で全体の80％を超えます. 外国への特許出願には費用がかかります
から, それに見合った経済的価値のある国にだけ出願されるということです.

　なお, 図17.1のデータ元はWIPO（World Intellectual Property Organization：
世界知的所有権機関）です. そのためか, WIPOに加盟していない台湾のデータ
が抜けています. しかし, 2021年には日本から台湾に約12,000件の出願がなされ
ており, 韓国と遜色のない件数です. 図17.1のグラフだけで判断すると, 台湾を
忘れてしまいますのでご注意ください. またグラフ中には欧州とドイツの両方が
あり, おかしいと思われる方がいるかもしれません. 欧州特許のしくみについて
は第18講で説明します.

　さらに, 商品の性質も考慮する必要があります. たとえば自動車部品であれば,
同じ設計の部品を組み込んだ自動車が世界中に流通しますから, 主要国に特許が
あればよく, それ以外の国だけでのビジネスに意味はほとんどありません. 一方,
医薬品のように, 国ごとに許可を得て販売する製品の場合には, 需要の見込める
多数の国に出願する必要があるでしょう.

🛈 優先権とは

　さて, 話をパリ条約にもどします. パリ条約第4条は「優先権」について規定

しています．それによると，同盟国（条約加盟国のこと）の１国に特許出願した者は他国に特許出願する際に優先権の利益を得ることができます（４条A）．この優先権の利益によって，第１国の出願後，第２国出願までのあいだに公表された事実などによって新規性や進歩性を否定されることはありません（４条B）．優先権を主張できる期間は12か月です（４条C）．

　特許出願した発明が新しいかどうかは出願日を基準にして判断されます．ですから，できるだけ早く出願したいところですが，外国出願するとなると，現地の弁理士に依頼する必要がありますし，明細書もその国の言語に翻訳しなければいけません．それではたいへんなので，第１国での出願日を他国の審査でも認めることにした，というのが優先権です．すなわち，日本で出願してから１年以内に，優先権を主張して外国に出願すればいいのです．

❗ 優先権主張の考え方

　図17.2を用いて，優先権主張の考え方を説明します．ポリプロピレン（A）に特殊抗菌剤（B）を混ぜ込んだ抗菌樹脂組成物について，日本で特許出願しました．その後，１年以内に外国へ出願すれば，元の日本出願の優先権を主張できます．

　この外国出願では，前述の抗菌樹脂組成物（A＋B）に対して，抗菌剤の分散性を改善するための界面活性剤（C）を追加配合した樹脂組成物についての改良発明を追加記載しました．この場合，外国出願の審査では，組成物（A＋B）については日本出願の日に，組成物（A＋B＋C）については外国出願の日にそれぞれ出願したものとして，新規性や進歩性の判断がなされます．

　このように，まず日本で出願しておけば，外国出願の準備期間も確保でき，改良発明を組み込むことも可能になります．パリ条約の優先権を主張して外国特許庁に手続をするやり方を「『パリルート』で出願する」といいます．

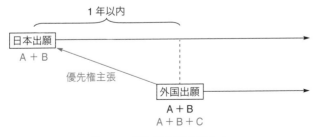

図17.2　優先権主張の考え方

❶PCT出願について

　パリ条約の特別の取極めとして，特許協力条約（PCT；Patent Cooperation Treaty）というものがあり，主要国のほとんどが加盟しています（台湾は非加盟）．これに基づいて出願するのが国際出願（PCT出願）です．PCT11条に示されるように，PCT出願を一つ行うだけで，加盟国のすべてに出願したのと同じ効果があります．日本の会社であれば，日本特許庁に日本語で出願することができるので簡単です．

　PCT出願された発明は国際調査されるので，その新規性・進歩性について予備的な見解を得ることができます（15条）．その後，優先日（基礎出願の日）から18月経過後に国際公開され（21条），優先日から原則30月後までに，権利化したい各国での手続を開始してその国の審査を受けて特許性が判断されます（22条）．PCT出願において，審査して特許権を発生させるのは各国ですから，この方法は「出願の束」だということができます．このようなやり方を「『PCTルート』で出願する」といいます．

❶出願ルートの選択

　外国に特許出願する際には，前述の「パリルート」と「PCTルート」のいずれかを選択します．PCTルートを採用した場合の手続を図17.3に示します．まず日本で出願し，このときを0月として以下の作業の起算時とします．それから12月後までに優先権を主張してPCT出願をします．台湾出願をしたい場合もこのときに手続きします．30月後（国によっては31月後）までに，権利化作業を進め

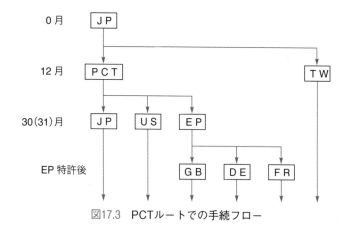

図17.3　PCTルートでの手続フロー

たい国に対して手続をします．このようにして各国で審査手続が進められ，各国
で特許権が発生します．

　なお欧州では，欧州特許庁でまとめて審査され，特許査定になってから各国ご
とに特許権を発生させます．2023年6月1日に発効したばかりの「欧州単一効特
許（UP)」については第18講で説明します．ところで，特許の世界では国をアル
ファベット2文字で表すのが習わしですが，イギリス（GB；Great Britain）など，
一見してわかりにくい国があります．

　パリルートを選択する場合には，12月後にPCT出願する代わりに各国へ直接
手続きをします．各国での手続きはどちらのルートでもほとんど同じなので，
PCTルートのほうがPCT出願分だけ費用がかさみます．権利化したい国が決まっ
ていて，調査報告に影響されないと思うのであればパリルートのほうがお得では
ありますが，発明の重要性を判断するのに時間がかかる場合も多いので，PCT
ルートのほうが無難なことが多いでしょう．

　以上，外国出願手続について基本的なシステムと流れを説明しました．とにか
く読者のみなさんに覚えておいてほしいのは，優先権を有効にするためには，日
本出願をしてから「1年以内」に外国出願する必要があるということです．1年
を過ぎても外国出願できる場合もありますが，優先権を主張できないぶん不利に
なります．

☕ 休憩時間　外国出願の代理人

　私は日本の弁理士なので，日本国特許庁への出願手続きを代理する資格をもっています．したがって国内だけでなく，海外の顧客からの求めに応じて日本国特許庁へ出願手続きを行います．一方，外国の特許庁に手続きをするには，その国の弁理士に依頼する必要があります．その国の法律に従ってその国の言語で作成した書面を提出するのですから，現地代理人の力量が大きく影響しますので，その選定は非常に重要です．

　代理人が信頼できるかどうかは頼んでみなければわかりませんので，以前依頼してよかった事務所に頼むことが多くなります．

　よい代理人を知らないマイナーな国への手続きを依頼された場合には，知り合いの特許事務所や顧客に紹介してもらうこともよくあります．インターネットで外国の事務所の情報を入手することも可能な時代ですが，私はアナログな人づての情報に頼ってしまいます．

　代理人とのやり取りにもお国柄がでます．中国，韓国，台湾の代理人の多くは日本語が達者ですが，通信文は日英チャンポンになることがあります．こちらから日本語でレターを送ると，英語で返事がきて，それ

に日本語で返事をして，という具合です．一見ややこしそうですが，お互いに読むのは楽でも書くのは手間なので，このやり方は案外合理的です．そのほかの国とは英語で通信しますが，英語以外の言語を私は読めませんので，最終的に提出される書類については，現地代理人を信じるしかありません．

　地球の裏側の国の場合，夕方にこちらから連絡すると，向こうは夜のうちに作業してくれ，翌日の朝からこちらで作業してさらに夕方連絡すると，また夜のうちに作業してくれる…という流れで進行するので，期限に追われるときには2倍速で作業することもできます．

　また，外国の特許事務所に対して事務的なミスを指摘しても，黙って直すだけで謝罪がないこともたびたびで，少しモヤモヤすることも多々あります．とはいえ，致命的なミスをほとんどしないのは各国共通であり，それがわれわれ代理人の国際水準だといえます．

　会ったこともない代理人と仕事をすることが多いのですが，連係プレーでいい仕事ができたときには，連帯感を感じて少しうれしい気持ちになれるものです．

第⑱講　外国への特許出願について（後編）

関連するジョーヤク

パリ条約（Paris Convention）

第4条（優先権）

　A（1）いずれかの同盟国において正規に特許出願（中略）をした者又はその承継人は、他の同盟国において出願することに関し、以下に定める期間中優先権を有する。

第4条の2（特許の独立）

　（1）同盟国の国民が各同盟国において出願した特許は、他の国（中略）において同一の発明について取得した特許から独立したものとする。

欧州特許条約（European Patent Convention）

第64条（欧州特許によって与えられる権利）

　（1）欧州特許は、（中略）その付与の告示が欧州特許公報に公告された日からそれが付与された各締約国において当該締約国で付与された国内特許によって与えられる権利と同一の権利をその特許所有者に与える。

　（2）略（3）欧州特許権の侵害は、すべて国内法令によって処理される。

第66条（欧州出願と国内出願との効力の同一）

　出願日が認められた欧州特許出願は、指定された締約国において、正規の国内出願と同一の効力を有し、適切な場合は、欧州特許出願について主張される優先権を伴う。

　第17講では，外国特許出願の意義とその手続について説明しました．そこでも少し触れましたが，今回は各国の特許制度の相違について解説していきます．

❗ 特許独立の原則

　世界中のほとんどの国が，第17講で説明した「パリ条約」に加盟していますので，最低限の足並みは揃っているのですが，特許制度は国ごとに異なります（特許独立の原則：パリ条約第4条の2）．どのような手続を要求し，どのような発明を特許するのか，国ごとに自由に決定することができるので，各国は自国の産業の発達にできるだけ有利になるように法令を定めます．国によって状況は多種多様ですから，特許制度もまたしかりで，国ごとに個性があります．

❗広域特許

特許独立の原則といいながらも，複数の国が協力して作業することは可能であり，国境をまたいで付与される特許もあります．これを「広域特許」といいます．

たとえば欧州では，欧州特許条約（EPC；European Patent Convention）が締結されており，欧州特許庁（EPO；European Patent Office）で審査します．欧州のほぼ全域の38か国がEPCに加盟しており，その数は欧州連合（EU）の27か国よりも多いです．2020年にEUを離脱した英国も，EPCには加盟したままです．図18.1にEUの加盟国を灰色，EPCのみの加盟国を赤色で示します．

図18.1　EPCの加盟国
EUに加盟していない英国，スイス，ノルウェー，トルコなどもEPCには加盟している．

EPOへの特許出願は，その締約国で特許出願したのと同一の効果をもちます（EPC第66条）．そしてEPOで審査されて特許査定を受けた出願は，その後，各国で権利化されます．出願人は，特許査定を受けたあとに権利化したい国を選び，権利化費用を払って必要な翻訳文を提出すれば各国の特許権を得ることができます〔EPC第64条（1）〕．各国の特許権に基づく訴訟は，それぞれの国の裁判所で

処理されるため〔EPC第64条（3）〕，EPCは出願から審査手続までを共通化するしくみだといえます．

2023年6月1日に，欧州統一裁判所協定（UPCA：Unified Patent Court Agreement）が発効しました．これは，EPOで審査して得られた特許を，EU加盟国で有効な欧州単一効特許（UP：Unitary Patent）とし，それを統一特許裁判所（UPC：Unified Patent Court）で裁くというものです．これまで審査手続きまで共通だったのを，権利化とその後の権利行使まで共通にしたのです．ただ，EUに加盟していない英国やスイスなどは含まれませんし，スペインやポーランドなどはEU加盟国でありながらこの制度に参加していません．また，UPを得る代わりに従来通り各国特許を得るオプションも残されています．

EPCの加盟国の一つであるドイツ（DE）で特許権を取得する場合に選択できるルートを図18.2に示します．まず，日本出願をしてから，12月後に優先権（パリ条約第4条）を主張して，直接DE出願をするか，あるいはひとまずEP出願またはPCT出願することができます．その後，EP出願の場合は，EPOで審査を受けて特許査定されてから，権利化する国のなかにDEを含めるか，DEに効力が及ぶUPを取得します．またPCT出願の場合は，日本出願から31月後までにDEまたはEPに移行手続をします．

このように，都合六つのルートがあるので，発明の重要性，費用，審査速度などを考慮して特許出願のルートを選択します．図17.2の円グラフで，欧州とドイツの両方があったのを覚えているでしょうか？ これはEP出願を経由する出願と経由しない出願（DE出願）があるからなのです．そのため，ドイツには欧州特許庁で審査された特許権と，ドイツ特許庁で審査された特許権の両方が併存し，

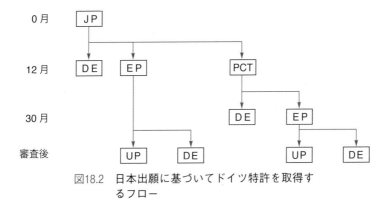

図18.2　日本出願に基づいてドイツ特許を取得するフロー

どちらもドイツ特許として同じように取り扱われます．一方，EPOで審査された出願はドイツ特許ではなくUPを取得してドイツに権利を及ぼすことも可能になりました．UPは別の裁判所（UPC）が裁くのでドイツの裁判所とは違う判断になりえます．いやはや，一段とややこしくなりました．

❗用途発明の取扱い

　発明を請求項に表現する場合にはさまざまな書き方がありますが，国によって許容される表現が異なるので要注意です．国ごとに言語も法律も違うのですから，あれこれ相違点があって当然です．ここでは一例として，化学分野で多い「用途特許」の説明をします．

　「用途発明」とは，すでに公知となっている物の新しい用途を見つけた場合になされる発明です．機械や電気の分野では，図面を眺めればその物の用途は一目瞭然のことが多いのですが，化学分野では，化合物の構造式を眺めただけではそれが何の役に立つかわからないことが多いので，用途発明が特許されやすいのです．用途発明の取扱いは国によって大きく異なります．以下に，公知化合物Xがゴムの加硫剤として有用であることを発明した場合の，主要国での請求項の記載の仕方の一例を示します．

　　・日本：「化合物X を含む加硫剤.」
　　　　"A vulcanizing agent comprising compound X."
　　・欧州：「加硫剤としての化合物X の使用.」
　　　　"A use of compound X as a vulcanizing agent."
　　・米国：「ゴムと化合物X の混合物を加熱する，ゴムの加硫方法.」
　　　　"A method for vulcanization of a rubber, comprising heating a mixture of the rubber and compound X."

　同じ内容を表現するのに，こんなにも差があります．日本では「加硫剤」とするだけで用途を考慮した審査がなされ，欧州では「〜の使用」という記載が認められます．これに対し米国では，その用途での使用方法を具体的に記載しなければなりません．

　このように国によって許容される表現が異なるので，外国で自分たちの発明が不利に扱われないように，日本出願のときから表現を工夫して記載しておく必要

があります．

🔴 相違点のあれこれ

　そのほか，国ごとの細かい相違点が山ほどあります．いくつかあげてみましょう．

・特許の対象は国によって異なります．たとえば，第１講の休憩時間にも示したように，米国では天然のDNA断片は発明者が創作したものではないとして特許されませんが，日本や欧州では特許されます．
・日本や欧州では，ヒトを治療する方法（医療行為）は特許されませんが，米国では特許されます．これについては，第19講で説明します．
・自らの公表行為では新規性を喪失しないという救済規定は，第３講の休憩時間「新規性喪失の例外（特許法第30条）」で取り上げました．この規定は日本や米国にはありますが，欧州には実質的にありません．
・米国では，自ら知っている公知文献を米国特許庁に提供する義務があります．他国の審査で新しい文献を引用されるたびに提出しなければならないので，作業がたいへんです．
・東南アジアなどには，他国の審査で特許された請求項をそのまま特許し，そうでないものは外国特許庁に審査を外注する国があります．自ら審査労力を負担しないのです．
・米国や英国などでは，その国で発明されたものをその国に最初に出願（第一国出願）させます．軍事機密などの国外流出を防ぐためで，検閲ののち他国への出願が許されます．

🔴 作業の進め方

　いろいろ説明しましたが，外国特許出願の審査手続がどのようなものかイメージが湧かないと思います．一例として，日本の企業や大学が出願したドイツ出願の審査において拒絶理由通知が発せられたときの応答作業を以下に示します．

① ドイツ特許庁が独文拒絶理由通知をドイツ代理人に発信．
② ドイツ代理人が通知を英訳して，英文コメントを付して日本特許事務所に送信．

③ 日本特許事務所が，和文コメントを付して出願人に送信.

④ 出願人が検討し，日本特許事務所に応答方針を指示.

⑤ 日本特許事務所が，ドイツ代理人に英文で応答方針を指示.

⑥ ドイツ代理人が独文で応答書面を作成しドイツ特許庁に提出.

　こうして見ると，学術論文の査読よりも煩わしいですよね．言語を切り替えな
がら，外国の特許庁から出願人までのあいだを往復して，応答期限内に応答しな
ければいけませんので，結構たいへんです．その後，さらに以下の事務処理があ
ります.

⑦ ドイツ代理人が英文解説と請求書を付して応答書面の写しを日本特許事務所
　に送信.

⑧ ドイツ代理人に送金した日本特許事務所が，和文解説と請求書を付して応答
　書面の写しを出願人に送信.

　外国特許出願をした場合には，出願時に手間と費用がかかるだけではなく，審
査手続においても結構な手間と費用がかかることに留意しなければなりません.

●

　以上説明したように，国が変われば制度も変わる，というあたり前のことが特
許の世界でも見られます．とはいえ，知的財産制度の国際的ハーモナイズ（調和）
の流れは着実に進んでいて，昔に比べるとそれぞれの国の個性が弱くなってきま
した．貿易などの通商条約の交渉のなかで知的財産の保護についても併せて交渉
することによって，結果として知的財産制度が各国で似たものになってきている
ようです.

☕ 休憩時間　明細書の英訳文の読みにくさ

　外国に特許出願するときには，その国の言語への翻訳が必要になります．

　中国，韓国，台湾の代理人は日本語が堪能なので，多くの場合，PCT出願の原本である日本語のまま送って大丈夫です．一方，そのほかの国の代理人には英文で送ります．その国の公用語が英語以外の場合には，英文をさらに現地語に翻訳して特許庁に提出します．したがって，英訳の出来が悪いと，多くの国で痛い目に遭ってしまいます．

　明細書を英訳するときに，元の日本文と英文とのあいだにズレがあれば，日本語請求項の権利範囲よりも英語請求項の権利範囲のほうが広くなってしまったりします．このような不合理を避けるため，日本文からの同一性をかなり厳密に維持しながら英訳することが求められます．したがって，いい回しを変えれば読みやすい英文にできる場合であっても，文章の同一性が失われる場合にはそれが許されず，読みにくい英文に翻訳せざるをえないことがあります．

　そのため，日本語の明細書作成時から，できるだけ英訳しやすいように，主語と述語の関係を明確にし，一文を短くし，平易な表現となるように私は心がけています．

　また，英文中の単数と複数の扱いも独特です．請求項に記載された「a」は，通常単数に限定されず「at least one」の意味に解釈されて複数を含みます．したがって，請求項のなかの名詞にはやたらと「a」が付いています．

　さらに，請求項中で最初にでた名詞には不定冠詞の「a」を付し，それ以降にでた同じ名詞には定冠詞の「the」を付して，前出の名詞と同じものであることを明確にします．最初にでた名詞に「the」を付すと，審査官に修正を求められることがあります．

　もともと特殊な日本語表現の文書であるところに，上記の英訳の事情が重なってきますから，英文としてはさらに特殊になってしまいます．

　以上のように，明細書の英文は読みやすいようにいい回しを変えることが許されませんし，単数と複数，定冠詞と不定冠詞の使い分けなども独特です．しかし，これは翻訳時に権利範囲を不当に変動させることを防ぎ，権利範囲を明確にするためのものですからご理解ください．

特別講義③

「オプジーボ®」特許について
——産学連携の成果配分の難しさ——

　2020年6月19日に，京都大学特別教授の本庶 佑博士が小野薬品工業株式会社（以下，小野薬品）を相手取り，特許使用料226億円を請求する訴訟を起こしました．ご存知のように，本庶博士は「免疫チェックポイント阻害因子の発見とがん治療への応用」により，2018年のノーベル生理学・医学賞をJames P. Allison博士と共同受賞されました．そして小野薬品は，免疫チェックポイント阻害薬「オプジーボ®」を事業化し，それを多くのがん患者に届けました．産学連携の輝かしい成功例というべき業績を上げながら，どうしてこのようなことになったのでしょうか．

❗特許の状況について

　争いのもとになっている特許出願は，2003年に国際出願されたPCT/JP2003/008420であり，小野薬品と本庶博士が共同出願したものです．その請求項1は「PD-1，PD-L1，またはPD-L2の免疫抑制シグナル阻害物質を含有してなる免疫賦活組成物」です．請求項1の対象が，広範な用途を包含する「免疫賦活組成物」となっており，とても広く構えられた特許出願です．

　この国際出願に基づく日本出願は，特許第4409430号（430特許）として特許され，その分割出願である特許第5159730号（730特許）とともに，「オプジーボ®」をカバーしています．430特許の請求項1は，「PD-1抗体を有効成分として含み，インビボにおいてメラノーマの増殖または転移を抑制する作用を有するメラノーマ治療剤」であり，730特許の請求項1は，「PD-1抗体を有効成分として含み，インビボにおいて癌細胞の増殖を抑制する作用を有する癌治療剤（但し，メラノーマ治療剤を除く．）」です．まずは，430特許でメラノーマ（悪性黒色腫）に対する治療薬を確実に権利化し，それから分割した730特許でメラノーマ以外のすべてのがんに対する治療薬を権利化しています．したがって，両特許ですべてのがんに対する抗PD-1抗体医薬がカバーされています．

　一方，この国際出願は，日本以外に米国と欧州にも移行手続きがなされました．有望な医薬品特許であれば，通常はもっと多数の国に移行したはずですから，各

国への移行期限（2005年）の時点では，小野薬品は将来の実用化の可能性について，それほど高く評価していなかったのかもしれません．

⚠ 争いの構図

図1を用いて，今回の争いの登場人物とその関係について説明します．まず，小野薬品と本庶博士が共同出願した抗がん剤についての用途特許があります（図1中赤色破線）．またそれとは別に，小野薬品と米国のバイオ企業であるメダレックス社とが共同出願した，特定のアミノ酸配列をもつ抗PD-1ヒトモノクローナル抗体に関する物質特許があり（図1中灰色点線），「オプジーボ®」はこのモノクローナル抗体を含んでいます．

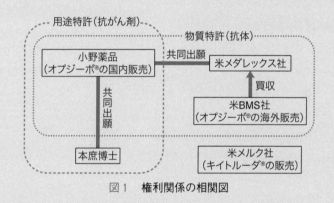

図1　権利関係の相関図

この用途特許はどのような抗PD-1抗体であっても権利範囲に含むので，特定の抗体に関する物質特許よりも広い技術的範囲をもっています．ただ，用途特許が日米欧にしか出願していないのに対し，物質特許は日米欧に加えてさらに10か国以上に出願しています．また，物質特許は用途特許の3年後に出願されていますので，用途特許より遅くまで権利が存続します．特許権の経済的価値については，発明が画期的であるかどうかよりも，製品が多く売れる国と時期においてその技術をカバーできるかどうかが重要です．

さて，特許出願の後，メダレックス社は米国の大手製薬企業のブリストルーマイヤーズ スクイブ（BMS）社に買収されました．そのため，現在「オプジーボ®」は，日韓台には小野薬品が，それ以外の全世界にはBMS社が販売しています．一方，これまた米国の大手製薬企業であるメルク社は，抗PD-1抗体医薬である「キイトルーダ®」を別途販売しています．

🔴 実施料の流れ

　まず，小野薬品の販売分から考えましょう．小野薬品は，用途特許も物質特許も保有しているのですから，法律的には自由に「オプジーボ®」を販売することができます．ただ，それでは共有者の本庶博士の利益がなくなりますので，両者間の契約に基づいて用途特許の実施料を支払うことになっていました．

　次に，BMS社の販売分です．BMS社は物質特許を保有していますが，用途特許は保有していませんので，「オプジーボ®」を欧米で販売するための実施料を支払わなければなりません．2011年に小野薬品は，日韓台以外の全世界での独占実施権をBMS社に供与したと発表しています[1]．

　そして，メルク社の販売分はどうでしょうか．メルク社は用途特許も物質特許も保有していませんので，小野薬品，本庶博士，BMS社に対して，「キイトルーダ®」の販売に対する実施許諾を求めなければならない立場にあります．各国で訴訟になっていましたが，和解が成立して6.25億ドルの頭金とともに，全世界売上に対し2017年から2023年は6.5％，2024年から2026年は2.5％の実施料を支払い，その4分の1を小野薬品が受け取ることになりました[2]．その後，「キイトルーダ®」の売上は，「オプジーボ®」を抜いて，2022年には2兆円を超えましたので，小野薬品には1000億円を優に超える実施料が入る見込みです．

🔴 裁判の決着

　先般，小野薬品と本庶博士が裁判上の和解をしたことが公表されました[3]．それによると小野薬品は，2006年に本庶博士と取り交わした契約に従って実施料を払い続けるとともに，本庶博士に解決金などとして50億円を支払い，さらに京都大学に230億円を寄付することとなりました．安すぎるという批判があったとはいえ当事者同士が結んだ契約は有効だという当たり前の話の筋を通しつつ，企業イメージや株主の意向などを考慮して落としどころを見出したのでしょう．

　経済的利益について考えると，数千億円でメダレックス社を買収したBMS社の経営判断が光ります．また，訴訟リスクがあることを承知で，「キイトルーダ®」を上市し，比較的低実施料率の和解にもち込んで，「オプジーボ®」以上に売り上げたメルク社の健闘も光ります．海外メガファーマの底力を見せつけられました．

1）小野薬品工業株式会社2011年9月21日プレスリリース
2）小野薬品工業株式会社2017年1月21日プレスリリース
3）小野薬品工業株式会社2021年11月12日プレスリリース

Part VI
メディカル発明の特殊性

「医療関係の発明は特別扱い」
～治療方法や医薬品の特許に 特別ルールが設けられているのはなぜ？～

　特許の世界では，医療関係の発明は特別扱いされています．日本では，人を治療するなどの「医療行為」についての発明は特許されないと法律で定められています．これは，医師が医療現場で特許権を気にして躊躇するようなことのないようにという人道上の趣旨のようです．でも実は，請求項の書き方次第で実質的に医療行為といえる発明の特許をとれたりします．

　一方，医薬の発明は，「医療行為」ではなく「物」の発明なので特許されます．ただし，国によって請求項の記載の仕方が大きく異なりますし，権利期間が特別に延びることがあります．年間数千億円も売り上げる医薬品を1件の基本特許でカバーすることもあるので，争いの絶えない分野です．

　このような，医療関係特許の特殊事情について解説します．

▶第⑲講　メディカル関連特許の特殊性
▶第⑳講　医薬特許について

第⑲講　メディカル関連特許の特殊性

関連するホーリツ

特許法

第29条第1項（特許の要件）

　産業上利用することができる発明をした者は、次に掲げる発明を除き、その発明について特許を受けることができる。（以下略）

第69条第3項（特許権の効力が及ばない範囲）

　二以上の医薬（中略）を混合することにより製造されるべき医薬の発明又は二以上の医薬を混合して医薬を製造する方法の発明に係る特許権の効力は、医師又は歯科医師の処方せんにより調剤する行為及び医師又は歯科医師の処方せんにより調剤する医薬には、及ばない。

第93条（公共の利益のための通常実施権の設定の裁定）

　第1項　特許発明の実施が公共の利益のため特に必要であるときは、その特許発明の実施をしようとする者は、特許権者又は専用実施権者に対し通常実施権の許諾について協議を求めることができる。

　第2項　前項の協議が成立せず、又は協議をすることができないときは、その特許発明の実施をしようとする者は、経済産業大臣の裁定を請求することができる。

（第3項略）

　医薬品や治療方法などのメディカル関連技術には，化学を応用したものがたくさんありますので，読者のみなさんのなかにも，携わっている方がいることでしょう．本講では，メディカル関連発明の特許出願の特殊性について解説します．

❗ 医療は産業ではないのか？

　特許法第29条第1項は，「新規性」について解説した第3，4講で紹介しました．この条項では，「産業上利用することができる発明をした者は，次に掲げる発明を除き，その発明について特許を受けることができる」としたうえで，その「次に掲げる発明」として新規性を有さない発明（第1～3号）を列記しています．したがって第29条第1項は，通常は新規性を規定した条項だとされています．

　しかし，第29条第1項にはもう一つ役割があり，発明が特許を受けるためには，

それが「産業上利用することができる発明」でなければならないと規定しています．これは，ビジネスに使えないような発明に独占権を与えたところで産業の発達には役立たない，という趣旨の規定です．ところが特許法における「産業」には，「医療行為」が含まれていません．特許法では，「医療行為」は「人間を手術，治療又は診断する方法」と定義されていて，医師が患者に対して行う行為がほぼすべて含まれます．このように特許法では，医療行為は産業上利用できない発明であるとして特許しないのです．

　医療産業は巨大ですから，普通は「医療行為を産業に含めないのはおかしいのでは？」と考えると思いますが，医療行為は特定の者に独占させるべきではなく，人道上広く開放すべきであるとして，特許の対象としていないのです．確かに，医師が患者を目の前にして新しい治療方法を行う際に，その方法に特許があるかどうかを確認しなければならないようでは困ります．このような事情で，医療行為についての発明は特許されないのです．

❗ 医療行為を特許するか否か

　では，世界中のすべての国で医療行為が特許されないかというと，そうではありません．第18講で各国の特許制度の相違を紹介しましたが，日本，欧州，中国など，世界のほとんどの国で医療行為が特許されない一方，米国では医療行為も特許されます．そうすると，米国では医師が特許権侵害で訴えられてしまいそうに思われますが，実際はそうではなく，「医師の医療行為には特許権の効力が及ばない」としているのです．つまり，日本などの多くの国では特許権を発生させるところ（入口）で規制し，米国では特許権を行使するところ（出口）で規制するのです．結局のところ，日本でも米国でも医師が現場での治療行為によって特許権侵害で訴えられることはないのです．人命第一に考えれば当然のことです．

　また，近年はバイオテクノロジーを駆使した治療方法の研究がさかんですが，このような最先端の治療方法については，特許権で保護することが可能です．後述しますが，日本では請求項の書き方を工夫すれば特許が取得できますし，米国でもバイオ工場で細胞を培養するような場合には特許権が行使できるのです．どの国も自国のバイオ産業を育成したいので，特許制度を活用できるしくみにしています．

⏺ 医療行為に関連する請求項の記載例

　前述のように,「人間を手術, 治療又は診断する方法」についての発明は, 人道的観点から日本では特許されません. しかし, 特許されないのは「方法」の発明であって,「物」の発明であれば特許されます. したがって,「人間を手術, 治療又は診断するための物」, すなわち医薬や医療機器などの「物」は特許されるのです. たとえば,「化合物Aを投与する糖尿病の治療方法」は特許されませんが,「化合物Aを有効成分として含む糖尿病治療薬」なら特許されます.

　より複雑な場合も見てみましょう. 次の例は特許庁が発行している審査基準に記載されているものです.「Xタンパク質をコードするDNAとYタンパク質をコードするDNAを含むZベクターをヒトに投与することにより, がんを縮小させる方法」という発明は, ヒト(人間)を治療する方法なので特許されませんが, これを「人体から取りだされたW細胞に, Xタンパク質をコードするDNAとYタンパク質をコードするDNAを含むZベクターで遺伝子を導入する, がん治療用細胞製剤の製造方法」のように「物(バイオ製剤)の製造方法」のかたちに書き直せば特許されます. この発明は患者の細胞を取りだして遺伝子を組み換えて患者本人にもどすことを想定しており, 書き直された請求項では一連の治療行為のうちの患者に返す一歩手前までの操作を規定していて, ここまでなら特許されるのです. 患者から取りだした細胞を工場にもっていって, そこで遺伝子工学を駆使してバイオ製剤を生産するような技術は, バイオ産業の保護のために, 国としてはぜひとも特許権で保護したいところなのです.

　このように人間を治療するような記載にせず, 書き方を工夫すれば特許を受けることができます. 裏を返せば, 日本では書き方を工夫しなければ特許を取れない場合があるということです. それなら, そのような工夫をしなくてもストレートに治療方法として請求項に記載できる米国の制度のほうが, バイオ産業の保護のためには有利に思えます.

⏺ 動物愛護の精神は?

　さて, 日本では「人間を手術, 治療又は診断する方法」についての発明は特許されません. 欧州でも同様だと説明しましたが, 実は日本とは少し異なる点があります. 欧州特許条約第53条(c)では,「手術又は治療による人体又は動物の体の処置方法及び人体又は動物の体の診断方法」を特許しないと規定しており, 人間だけではなく, 動物に対する医療行為も特許されないのです. 逆にいえば, 日

本では人間に対する医療行為だけが特許されず，動
物に対する医療行為は特許されます．

写真19.1　愛犬の柴犬

　前述の糖尿病治療の例で考えると，「化合物Aを
投与する非ヒト哺乳動物の糖尿病の治療方法」と下
線部を加えれば特許されるのです．動物の治療方法
を研究する方は知っておくとよいでしょう．

　欧州のほうが動物愛護の精神が行き渡っていると
もいえそうです．私の飼っている柴犬（写真19.1）
を連れて行く動物病院の獣医師の先生が特許権侵害
で訴えられることもあると考えると，なんだかひど
い話のようにも思われます．

❗ 特許権の効力が及ばない範囲

　以上のように，日本では特許法第29条第1項の規定によって医療行為が特許さ
れないので，現場の医師はどんな医療行為をしても特許権侵害にはならないのか
といえば，そうではありません．法第29条第1項だけでは漏れがあるのです．

　特許法第69条第3項には，「二以上の医薬を混合した医薬に関する特許権の効
力は，医師又は歯科医師の処方せんにより調剤する行為には及ばない」と規定さ
れています．この規定がないと医療現場で医師の指示に従って薬を混ぜることが
特許権侵害に該当してしまうため，そのような状況を防ぐ目的でこの規定がある
のです．製薬会社が混合医薬を製造すれば特許権侵害ですが，患者を前にした医
師が薬剤師に頼んで混ぜてもらうのは自由なのです．

　前述のとおり，日本は医療行為について入口規制しているのですが，漏れてい
る部分についてはさらに出口でも規制しているのです．法律を現実にスッキリと
当てはめるのは容易ではなく，このように継ぎはぎで対応しているのです．

　通常の物づくりなどとは異なり，医療の世界では人道上の問題が生じます．そ
のため，ビジネスのツールである特許権にも調整が必要になってくるのです．ビ
ジネスと人道問題の利害が正面からぶつかるのが，休憩時間に記載した「強制実
施権」の問題です．ビジネスと人道問題のどちらも疎かにはできませんから，バ
ランスが大事ということになります．

☕ 休憩時間　強制実施権

　新型コロナウイルス感染症（COVID-19）が世界中で流行し，いくつかの抗ウイルス薬が出回りました。こうして開発された抗ウイルス薬は，世のため人のために開発したといっても，やはり特許出願されているでしょう。そしてそれが特許された場合には，特許権者の許諾を受けなければ，第三者が製造販売をすることはできません。けれども特許権者の生産量が不十分で薬が世界に行き渡らなかったら，あるいは薬の値段が高すぎて発展途上国の経済力では購入できなかったらどうでしょうか。

　そういうときのための「伝家の宝刀」が強制実施権です。わが国の特許法第93条には，「特許発明の実施が公共の利益のためとくに必要であるときは，経済産業大臣の裁定によって，特許権者の同意を得ずに強制的に第三者にライセンス許諾できる」旨が規定されています。わが国で実際にこの強制実施権が設定されたことはないと記憶していますが，「伝家の宝刀」は抜くことがなくても存在することに価値があるのです。特許権者は最後にはこの規定があることを考慮しなければなりません。

　抗ウイルス薬に関しては，かつて海外で強制実施権が設定されたことがあります。ヒト免疫不全ウイルス（HIV）によって発症するエイズ（AIDS）が，1980年代以降，新興国や発展途上国を中心に猛威を振るいました。このとき，1990年代後半にエイズ患者の多かった南アフリカやブラジルが強制実施権を設定して安価な抗ウイルス薬を製造させました。これに対し，製薬会社や製薬会社を抱える先進国が，裁判所や世界貿易機関（WTO）に訴えるなどして争いになりましたが，人権を擁護する世論の影響もあっていずれも和解したようです。

　確かに，途上国の人権を考慮すれば，先進国が知的財産権を振りかざして高価な医薬品を売りつけるのはけしからん，という意見には一理あります。しかし，製薬会社に利益がないと新しい薬を開発するインセンティブが失われてしまいます。

　これは知的財産権についての南北問題といえるでしょう。途上国の人たちを救わなくてはなりませんが，製薬会社のやる気を削いでもいけませんので，やはりバランスが大事です。

第⑳講　**医薬特許について**

特許法

第36条第4項（発明の詳細な説明の記載要件）

前項第三号の発明の詳細な説明の記載は、次の各号に適合するものでなければならない。

一　経済産業省令で定めるところにより、その発明の属する技術の分野における通常の知識を有する者がその実施をすることができる程度に明確かつ十分に記載したものであること。（第二号以下略）

第36条第6項（特許請求の範囲の記載要件）

第二項の特許請求の範囲の記載は、次の各号に適合するものでなければならない。

一　特許を受けようとする発明が発明の詳細な説明に記載したものであること。（第二号以下略）

欧州特許条約 European Patent Convention

第53条（特許性の例外）

欧州特許は、次のものについては、付与されない。

〔(a) (b) 略〕

(c) 手術又は治療による人体又は動物の体の処置方法及び人体又は動物の体の診断方法。この規定は、これらの方法の何れかで使用するための生産物、特に物質又は組成物には適用しない。

　読者のみなさんのなかには，有機合成化学やバイオテクノロジーの研究に従事されている方がたくさんいらっしゃると思います．それらの研究の重要なターゲットの一つが「医薬」です．医薬ビジネスには膨大な研究開発費がかかるため，その費用を回収しなければなりませんが，そこで役立つのが特許権です．本講では，あれこれと特殊な事情がある医薬特許について説明していきます．

❶ 医薬発明とは？

　特許庁が発行する審査基準では，「医薬発明」とは「ある物の未知の属性の発見に基づき，当該物の新たな医薬用途を提供しようとする『物の発明』である」と定義されています．ちょっと小難しい表現なのでわかりやすくいい換えると，

「特定の有効成分を含み，特定の医薬に適用される物の発明」となります．たとえば「化合物Xを含有する抗ウイルス剤」のような感じで請求項に記載されます．

❗ 必要な実験データ

　医薬発明が特許されるためには，通常，医薬に適用できることを裏づける薬理試験結果の記載が求められます．実験をせずに「この化学構造なら効くはずだ」と主張しても，普通は特許されません．では，どの程度記載すれば特許されるのでしょうか．

　審査基準では，薬理試験結果の記載について「原則，(i) どの化合物等を，(ii) どのような薬理試験系において適用し，(iii) どのような結果が得られたのか，そして，(iv) その薬理試験系が請求項に係る医薬発明の医薬用途とどのような関連性があるのか，のすべてが，薬理試験結果として明らかにされなくてはならない」とされています．このとき用いられる薬理試験系は，生体内（*in vivo*）実験でも試験管内（*in vitro*）実験でもかまいませんが，特定の医薬用途に対する有効性を客観的に裏づける薬理試験結果が要求されます．とはいえ，ある化合物の生理活性を*in vitro*試験において見いだしたからといって，それがどの疾患に対する医薬として有効であるのかを判断するのは必ずしも容易ではありません．

　また，得られた薬理試験結果に基づいて，どの範囲の疾患までを特許請求の対象にできるかの判断も難しいところです．

　たとえば，化合物a1が大腸菌を殺菌することを見いだしたとしましょう．このときの請求項として，「化合物a1を含有する，大腸菌感染に対する抗菌剤」という記載なら問題はありませんが，この表現では狭く，せっかくの発明がもったいないです．そこで，化合物a1を包括的な化合物Aとし，用途も菌種が限定されないようにして，まずは「化合物Aを含有する抗菌剤」くらいの請求項を目指したいところです．広めに構えて審査の成りゆきで少しずつ引き下がるのがよいでしょう．あるいは，新たな化合物a2や黄色ブドウ球菌を用いた場合の実験結果を追加して，サポートされる権利範囲を実験的に広げる方策もあります．

　特許出願するために必要な実験データの質と量については第9講を，実験的裏づけに関する実施可能要件（特許法第36条第4項第1号）とサポート要件（特許法第36条第6項第1号）については第14講を，それぞれ参照ください．

❶ 第二医薬用途発明

　医薬発明でも，ほかの発明と同様に新規性（第3，4講）および進歩性（第5，6講）が要求されます．

　まず，新規性について説明します．医薬発明の場合，請求項に記載された医薬に含まれる化合物が引用発明の医薬に含まれる化合物と同じであっても，その医薬が適用される疾病が相違すれば新規性が認められます．このように，すでに医薬として知られている化合物を別の疾患に適用する発明のことを，「第二医薬用途発明」といい，特許の対象とされます．新型コロナウイルス感染症（COVID-19）に対して，既存の薬の有効性の有無が世界中で検討されましたが，これも第二医薬用途の探索です．

　同じ化合物を用いた医薬用途の相違は，実質的に検討する必要があります．審査基準に記載されている次の①〜⑥の例で見ていきましょう．矢印の左が引用発明で右が審査対象の発明です．

① 気管支拡張剤 → 喘息治療剤

② 血管拡張剤 → 血圧降下剤

③ ヒスタミン遊離抑制剤 → 抗アレルギー剤

④ 強心剤 → 利尿剤

⑤ 消炎剤 → 鎮痛剤

⑥ 抗菌剤 → 細菌細胞膜形成阻止剤

　これらの場合，①〜③はその作用機序から医薬用途を導きだせるとして，④と⑤は密接な薬理効果により必然的に生じるものであるとして，⑥は引用発明の医薬用途を新たに発見した作用機序で表現したにすぎないものであるとして，すべて新規性は認められず，実質的に同じ薬だと判断されてしまいます．したがって，新規性を主張するためには，これらの観点から見て，実質的に異なる用途の医薬でなければなりません．

　次に進歩性についてですが，請求項に記載された医薬用途が引用発明の医薬用途と異なっていても，出願時の技術水準から両者間の作用機序の関連性が導きだせる場合は請求項に記載された医薬発明の進歩性は否定されます．したがって，引用発明との作用機序の相違を明細書中でうまく説明することが有効であり，さらに実験的裏づけがあるとより有効です．

　また第6講で説明したように，引用発明に比べて顕著な効果を奏すれば，仮に作用機序の関連性があったとしても新規性さえ認められれば特許されます．そのため，引用発明と対比できる実験結果が重要です．このとき，適用される疾病に対する直接的な薬理効果だけではなく，副作用が少ないこと，保存安定性に優れることなど，付随的な効果でも進歩性を主張することが可能ですから，特許出願しようとする医薬のよい点を掘り起こすことが重要になります．

❗ 請求項の記載の仕方

　たとえば，化合物Bが喘息に効くことを見いだしたとしましょう．このとき，請求項をどのように記載すればよいのでしょうか．これは，先行技術によって変わってきますので，表20.1を用いて説明します．

表20.1　喘息に効く化合物Bを含む医薬発明の請求項の記載例

	先行技術	請求項の記載例
①	なし	化合物B
②	抗生物質B	化合物Bを含有する喘息治療剤
③	喘息治療剤B（毎日投与）	30〜40 μg/kg体重の化合物Bが，ヒトに対して3か月あたり1回経口投与されるように用いられることを特徴とする，化合物Bを含有する喘息治療剤
④	喘息治療剤B（単独投与）喘息治療剤C（単独投与）	化合物Bと化合物Cを組み合わせてなる喘息治療剤

　もし化合物Bが新規化合物であれば，用途を限定せず化合物そのものを権利化できます（表20.1①）．一方，化合物Bがすでに抗生物質として公知であっても，作用機序が異なるのであれば，「第二医薬用途発明」として特許されます（表20.1②）．

　では，化合物Bがすでに喘息治療剤として公知であれば，特許出願をする余地がないかといえば，そうではありません．たとえば「用法または用量」に特徴があれば，その点で先行技術と区別できる場合があります．表20.1の③は審査基準に示された例ですが，投与間隔をあけて大量投与することで副作用抑制効果が得られるケースです．また，薬剤の「組合せ」によって特許される場合もあります（表20.1④）．喘息薬どうしの組合せは通常は特許されませんが，単独投与の足し算の効果よりもはるかに大きい相乗効果が認められるのであれば，組合せ医薬として特許されます．

　さらに，同じ化合物Bであっても結晶構造が異なることによって有利な効果が奏されるのであれば特許されますし，剤形や製剤方法の相違などによっても特許されます．先行技術と十分に対比して，相違点をうまく見いだすことが重要です．

🔴 主要国での記載方法

　第18講の「外国への特許出願について（後編）」や第19講「メディカル関連特許の特殊性」で説明したように，請求項の記載方法は国によって違います．メディカル関連の用途発明である医薬発明についても同様のことがいえ，日本，米国，中国，欧州の主要国ごとに大きく異なります．表20.2を使って，各国の記載方法について説明していきましょう．

表20.2　糖尿病に効く化合物Dについて，各国における医薬発明の請求項の記載方法

国・地域	特許される請求項の記載例	記載の可否	
		～剤	医療行為
日　本	化合物Dを含有する糖尿病治療剤	○	×
米国	化合物Dを投与する糖尿病の治療方法	×	○
中　国	糖尿病の治療のための薬剤の製造における化合物Dの使用	×	×
欧州	糖尿病の治療に用いるための化合物D	×	×（例外）

　まず，日本では医薬用途発明として請求項に「糖尿病治療剤」と記載できますが，「～剤」と記載して用途を特定できる国はあまり多くなく，米国，中国，欧州では認められません（表20.2）．一方で，日本では医療行為は特許されませんが，米国では特許されます．したがって，米国では表20.2のように請求項に「薬剤を投与する治療方法」と記載することで特許されます．また，中国では「～剤」という記載は許されず，医療行為も特許されませんので，「薬剤の製造における化合物の使用」という表現を用い，医療行為ではなく医薬品の製造行為として特許されます．これでも医薬品の保護は可能ですが，かなり苦しい表現です．欧州でも以前は中国と同様の取扱いだったのですが，2000年に条約が改正され，「医療行為に使用するための生産物」を医療行為に含めないと規定することで〔EPC第53条（c）〕，「医薬に用いるための化合物」という記載で例外的に医薬用途が考慮されるようになりました．

　用途発明だけでなく，医療行為の取扱いも国によって違うので，医薬発明の請

求項の記載方法は，国によって大きく異なります．

●

　医薬特許には特殊な事情がたくさんあり，しかも国によって取扱いが大きく違います．そのうえ特許出願の重要性が高い場合が多く，大型医薬だと1件の特許で数千億円もの利益を上げるものもありますので，特許出願の実務は結構たいへんな場合が多いです．

　研究者の方は，先行技術文献の記載を十分に確認して，先行技術との相違点をていねいに確認するのがよいでしょう．そういう基本的な考え方は，医薬特許だからといってほかの分野と大きく変わるものではありません．

☕ 休憩時間　ジェネリック医薬品

　特許制度の目的は，発明の「保護」と「利用」を図ることにより産業の発達に寄与することです（特許法第1条）．したがって，独占権による「保護」期間を終えた発明が第三者に自由に「利用」されてこそ，制度の目的が達成されるのです．

　このように，特許権満了のタイミングで「保護」から「利用」に舵が切られますが，この「保護」と「利用」の境界ででてくるのが「ジェネリック医薬品」です．特許権が切れたらゾロゾロ出てくるので，かつては「ゾロ薬」という俗称で呼ばれていました．

　ジェネリック医薬品は今では数量ベースで日本国内医薬品シェアの約8割を占めるに至り，広く行き渡っています．新薬メーカーの特許権が満了すれば，低価格のジェネリック医薬品が社会に供給され，まさに特許法の目的に沿った「利用」が実行されているといえます．

　ただ，ジェネリック医薬品に切り替わると，それまで聞き慣れていた商品名から聞いたことがない一般名に切り替わるので，その名前を覚えられないのが玉に瑕です．医薬品の商品名は登録商標であることが多く，これまでに周知となった商品名は新薬メーカーしか使えません．ここでも知的財産権（商標権）が働いていて，特許が切れても「元祖」であることをずっとアピールできるのです．

Part Ⅶ
特許権の活用

「第三者との関係において特許を活かそう」
～特許を取ったらそれで一件落着，ではない～

　特許査定を受け取って特許料を払ったら晴れて特許権が登録されました．やれやれ一件落着なのですが，権利を活用してビジネスに生かさなければ意味がありません．特許は，取るよりも活用するほうが難しいのです．第三者を排除して自ら独占実施することもできますし，第三者にライセンスすることもできますし，無断で実施する第三者を訴えることもできます．

　ここでは，特許権を活用するために知っておきたいアレコレを紹介します．また逆に，第三者が特許権を振りかざして攻撃してきたときの防御方法についても説明します．無防備で攻められてアタフタしないようにしたいものです．

▶第㉑講　特許権侵害への対処法
▶第㉒講　第三者の特許への対抗手段
▶第㉓講　ライセンス契約について

第㉑講　特許権侵害への対処法

関連するホーリツ

特許法

第68条（特許権の効力）

特許権者は、業として特許発明の実施をする権利を専有する。（以下略）

第100条第1項（差止請求権）

特許権者又は専用実施権者は、自己の特許権又は専用実施権を侵害する者又は侵害するおそれがある者に対し、その侵害の停止又は予防を請求することができる。

第102条第3項（損害の額）

特許権者又は専用実施権者は、故意又は過失により自己の特許権又は専用実施権を侵害した者に対し、その特許発明の実施に対し受けるべき金銭の額に相当する額の金銭を、自己が受けた損害の額としてその賠償を請求することができる。

第103条（過失の推定）

他人の特許権又は専用実施権を侵害した者は、その侵害の行為について過失があったものと推定する。

民法

第709条（不法行為による損害賠償）

故意又は過失によって他人の権利又は法律上保護される利益を侵害した者は、これによって生じた損害を賠償する責任を負う。

　画期的な発明を特許出願し，手間とお金をかけてようやく取得した特許権．これで発明を独占実施して利益を独り占めできると思っていたところ，ライバルメーカーが類似品を発売しました．すぐに「真似しやがって．訴えてやる！」となりそうですが，裁判所に訴える前に検討すべきことがたくさんあります．本講では，第三者の侵害行為に対処する方法について説明します．

❶ 特許権の効力

① 独占実施権

　特許法第68条には，「特許権者は，業として特許発明の実施をする権利を専有する」と規定されています．したがって特許権者は，自ら独占排他的に事業を行

うことにより利益を得ることができます．また，第23講で説明するように，他者にライセンスすることによって利益を得ることもできます．

　では勝手に特許発明を実施している第三者に対して，特許権者は具体的に何ができるのでしょうか．特許権者に与えられる権利はいろいろあり，その代表的なものが，差止請求権と損害賠償請求権です．特許権者は，これらの権利を行使することによって，第三者の違法行為に対抗するのです．

② 差止請求権

　特許法には差止請求権（特許法第100条第1項）が規定されています．これにより，特許権者は第三者の侵害行為を止めさせることができます．一旦開始した事業を停止しなければならなくなるのは，事業者にとってたいへんな損害ですから，この差止請求権は，特許権者に特別に与えられた最も強い権利だということができるでしょう．

③ 損害賠償請求権

　一方，損害賠償請求権は，特許法に限られない一般的な権利です．民法第709条には「故意又は過失によって他人の権利又は法律上保護される利益を侵害した者は，これによって生じた損害を賠償する責任を負う」と規定されています．他人の権利を侵害して損害を与えた人には賠償責任があるということです．暴投して近所の家の窓ガラスを割ってしまったら，それを弁償しなければならない，というわかりやすい話です．

　ただ，損害賠償を請求するために必要な条件がいくつかあります．その一つが，侵害者の「故意又は過失」を立証しなければならないということです．他人の侵害行為の故意や過失を立証するのは，通常はとても難しいですが，特許法103条では侵害者の過失を推定してくれていますので，特許権者は何も立証する必要がありません．

　また，損害賠償請求というからには「損害が発生」していなければなりませんが，特許権をもっているだけで事業を実施していない特許権者は，実際のところ何も損害が発生していないともいえる状況です．それでも特許法第102条第3項では，ライセンス料に相当する金額を損害額として賠償請求できると規定しています．これ以外にも損害額の算定に関しては多くの規定があり，特許法は特許権者が損害賠償を請求しやすいようにあれこれと手を打ってくれているのです．

❗ 訴訟を起こす前にやるべきこと

　特許権侵害訴訟の提起に至るまでの流れを図21.1に示します．ライバル会社の類似品を見つけたらすぐ訴える，というようなものではありません．十分に検討してから相手方にコンタクトし，どうしても折り合えなかったらやむをえず訴訟を検討する，という流れになるでしょう．以下，具体的に説明します．

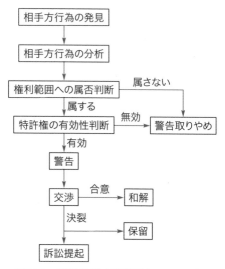

図21.1　特許権侵害訴訟提起までの流れ

① 事実確認と分析

　相手方の問題行為を見つけたら，まずは事実確認をします．たとえば物の発明であれば，製品の現物を入手して詳細に分析し，構成を確認します．構成を確認できなければ，次項で説明する権利範囲への属否の判断ができません．また，販売価格や販売数量についても可能な範囲で確認します．損害賠償額をある程度見積もっておかないと，争う価値が明確にならないからです．

② 権利範囲への属否の判断

　そして，相手方の実施行為が特定できたら，その行為が自分の保有している特許権の特許請求の範囲に含まれるかどうかを検討します．特許請求の範囲については，第11〜13講で説明しました．相手方の実施行為と逐一対比しながら，てい

ねいに検討する必要があります.

③ 特許権の有効性の判断

　特許権がすでに設定登録されていても，それが不適切な審査によって誤って特許されたものだった，というような場合には，無効審判によって特許が無効にされるおそれがあります．すでに登録されている特許の審査の妥当性について検討しておくのが望ましいです.

　特許庁での審査経過を確認したり，対応する外国出願がある場合にはその審査状況を確認したり，追加の先行技術を調査したりして，本当に有効な特許であることを確認してから，次項で説明する警告作業に着手するのがよいでしょう.

④ 警告

　相手方の実施行為が権利範囲に属することを確認し，特許の有効性も確認してから，相手方に警告します．警告に際しては，あらかじめその後の展開を予測しておくとよいでしょう．折り合いがつかなかったときに，訴訟を提起するのか，依頼されればライセンスを許諾してもよいのかなど，方針を定めておいてから警告するのが望ましいです．最終的な「落としどころ」を見据えて対応することが重要です.

⑤ 交渉

　警告後は，両者間で交渉することになります．弁護士などの代理人を介して内容証明郵便を往復させるような交渉もあれば，直接話をする場合もあるでしょう．どちらにしても，両者で合意できれば和解ということになります.

　一方で，合意できなければ，訴訟へと駒を進めることもあるでしょうし，保留することもあるでしょう．訴訟には費用も労力もかかるので，当面は判断を保留する，という選択肢もありうると思います．いずれにせよ，実際に訴訟にまでたどり着くケースはとても少ないのが現状です（休憩時間参照）.

❗ 特許権侵害訴訟の特徴

　訴訟手続の流れを図21.2に示します．特許権侵害訴訟は第一審として地方裁判所に訴えますが，一般の訴訟と少々異なる点があります．以下，具体的に説明します.

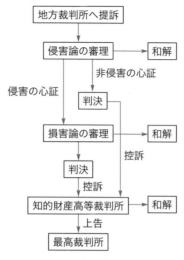

図21.2　訴訟手続の流れ

① 提訴

　特許権侵害訴訟は，東京地方裁判所と大阪地方裁判所が管轄しますので，その
いずれかに訴訟を提起しなければなりません．両地裁には知的財産権専門部があ
り，技術専門家である調査官が配置されていて，裁判官を技術的にサポートする
体制が整っています．

　訴状では，自らの特許権と相手方の行為を特定し，相手方の行為が特許権を侵
害することを主張立証したうえで，差止請求や損害賠償請求などをします．

② 侵害論と損害論

　実際の審理では，通常，最初の１回と，弁論を終結して判決を言い渡すときの
２回，法廷で口頭弁論が開催されます．実質的な審理は，会議室で何回も開催さ
れる弁論準備手続のなかで進行しますので，普通の打合せに参加しているような
感じです．このとき，技術的論点について当事者双方がプレゼンテーションを行
う技術説明会が設けられることもあります．

　特許権侵害訴訟では，まず侵害の有無について審理したうえで，裁判官が「非
侵害」との心証を得た場合には，口頭弁論において弁論を終結して判決が言い渡
されます．一方，裁判官が「侵害」との心証を得た場合には，その心証を当事者
に開示したうえで損害額の審理に進みます．このように，侵害論と損害論の２段

階で審理を進めることが，特許権侵害訴訟の大きな特徴です．

③ 不服申し立てと和解

　地裁の判決に不服があれば，知的財産高等裁判所に控訴することができます．さらに，高裁の判決に不服があれば最高裁判所に上告することもできます．このように，地裁での裁判に勝っても，それを相手方が受け入れなければ，高裁に場所を変えて裁判は続くことになってしまいますし，最高裁に上告されることもあります．

　そのように争いが長く続くことは好ましくないので，「裁判上の和解」で決着することも多いです（休憩時間参照）．裁判手続のなかで作成された和解調書は，確定判決と同じ効力をもちますので，争いは完全に終結します．

　そもそも，特許権侵害訴訟で侵害であるか非侵害であるかは，多くの場合は解釈の相違であって，どちらの主張もそれなりに論理的であるような場合が多いです．したがって，必ずしも完全勝利しなくてもよく，裁判官の和解勧告に従って中間的な成果を得るのも合理的といえます．

④ 費用と労力

　知財訴訟にはお金がかかります．多くの場合，弁護士や弁理士の費用が結構な額になってしまいます（訴額が大きければ印紙代もバカになりませんが）．したがって，訴訟に勝つ見込みと勝って得られる経済的利益が，訴訟費用を上回っていなければ，訴訟する価値が低いといえます．

　また，費用のほうが目立ちますが，実は労力もかかります．代理人の弁護士や弁理士に丸投げすればよいわけではなく，知財部スタッフ，技術者など多数の優秀な人員が訴訟対応に駆りだされることも多く，そのために本来の業務が滞るおそれもあります．

　したがって，訴訟まではやらないと割り切って警告作業などを進めるのも，合理的な考え方だといえます．

　自分の会社の特許製品の類似品がでてきたときなどには，ていねいに状況を分析することが肝要です．そして，仮に有効な権利を相手方が侵害していることが明らかになったとしても，どのように警告するのか，交渉が不調に終わったときにどうするのか，十分に検討してから行動にでるのがよいでしょう．「急いては事を仕損じる」です．

☕ 休憩時間　特許権侵害訴訟の実態

さて，特許権侵害訴訟の実態はどうなっているのでしょう．表21.1は，知的財産高等裁判所がホームページに掲載している統計データから私が抽出して◎○×を追記したものです．

まず，件数を見てください．平成26年から令和３年までの８年間に決着した特許権侵害訴訟の総件数はわずか666件です．つまり，日本中で年間80件ほどしか特許権侵害訴訟は提起されていないのです．

次に，その内訳を見てみましょう．判決に至った案件のうち，認容（訴えが認められた）が143件（◎）で，棄却（訴えが認められなかった）が290件（×）ですから，なんと，特許権者は33％しか勝てていないのです．これでは，「勝てないんだから訴えてもしょうがない」，「特許なんて取っても仕方ない」となってしまいそうですが，そうではありません．

表には，判決ではなく，和解で決着した案件が200件含まれています．このうち，差止給付条項または金銭給付条項が付され，実質的に特許権者の主張が認められて和解した案件（○）は８割近くになります．ただ，認容（◎）と和解（○）を加えても勝率が半分程度（302件）なのですから，訴訟の提起を躊躇するのも理解できます．

近年，侵害行為を把握しやすくする法改正や，損害賠償を請求しやすくする法改正が次つぎと行われており，徐々に特許権を行使しやすくなるような状況になってきています．

表21.1　特許権侵害訴訟の実態

判決 （466件）	棄却	290	×
	却下	14	
	債務不存在確認認容	16	
	認容	143	◎
	債務不存在確認棄却	3	
和解 （200件）	差止給付条項・金銭給付条項あり	65	○
	差止給付条項のみあり	19	○
	金銭給付条項のみあり	75	○
	差止給付条項・金銭給付条項なし	41	
合計666件		666	

第㉒講　　第三者の特許への対抗手段

関連するホーリツとキソク

特許法

第79条（先使用による通常実施権）

特許出願に係る発明の内容を知らないで自らその発明をし、又は特許出願に係る発明の内容を知らないでその発明をした者から知得して、特許出願の際現に日本国内においてその発明の実施である事業をしている者又はその事業の準備をしている者は、その実施又は準備をしている発明及び事業の目的の範囲内において、その特許出願に係る特許権について通常実施権を有する。

第104条の3（特許無効の抗弁）

第1項　特許権又は専用実施権の侵害に係る訴訟において、当該特許が特許無効審判により（中略）無効にされるべきものと認められるときは、特許権者又は専用実施権者は、相手方に対しその権利を行使することができない。（第2〜3項略）

第113条（特許異議の申立て）

何人も、特許掲載公報の発行の日から六月以内に限り、特許庁長官に、特許が次の各号のいずれかに該当することを理由として特許異議の申立てをすることができる。（以下略）

第123条（特許無効審判）

第1項　特許が次の各号のいずれかに該当するときは、その特許を無効にすることについて特許無効審判を請求することができる。（以下略）

第2項　特許無効審判は、利害関係人（中略）に限り請求することができる。（第3〜4項略）

特許法施行規則（経済産業省令）

第13条の2（情報の提供）

何人も、特許庁長官に対し、刊行物、特許出願又は実用新案登録出願の願書に添付した明細書、特許請求の範囲若しくは実用新案登録請求の範囲若しくは図面の写しその他の書類を提出することにより、特許出願が次の各号のいずれかに該当する旨の情報を提供することができる。（以下略）

　新製品を市場に投入し，「販売量も予想を上回っているし順調だ」と思っていたある日，警告書なるものが会社に送られてきました．そこには「貴社が○○を製造・販売される行為は，弊社所有の特許権の侵害行為に該当する」なんてこと

が記載されています.「えらいこっちゃ～，どないしよう.」と社内は大騒ぎに.
今回は，第三者の特許によって攻められた際の対抗手段について解説します.

❗特許権を無効化するためには

まずは，特許権を無効化する方策について説明します.表22.1に示すように，
事業実施の障害になる他人の特許を無効化する手段はいくつかあります.まず，
特許される前の出願中に，その出願が特許されないようにするために「情報提供」
をすることができます.また,特許されたあと6月のあいだは,「異議申立」によっ
て特許を取り消すことができますし，6月が経過したあとでも「無効審判」によっ
て特許を無効にすることができます.さらに，特許権者に訴えられたあとであっ
ても，裁判所で「無効の抗弁」を主張することができます.このように時期と状
況によって方策が異なるので，以下それぞれについて説明していきましょう.

① 情報提供（特許法施行規則第13条の2）

自分たちが実施しようとしている事業の障害となりそうな特許出願が特許され
る前に，拒絶理由となる情報を審査官に提供して，その権利化を邪魔することが
できます.匿名での書類提出が許されているので,「提出者」の欄に「省略」と
記載して提出することも可能です.つまり特許出願人にバレずに邪魔することが

表22.1　他人の特許を無効化する手段

	情報提供	異議申立	無効審判	無効の抗弁
請求時期	いつでも[*1]	特許公報発行 から6月	特許後 いつでも	裁判中
請求人	誰でも （匿名可）	誰でも （ダミー可）	利害関係人	被告
審理する者	審査官 （審判官）	審判官	審判官	裁判官
審理方法	提出のみ	書面審理のみ	口頭審理あり	口頭弁論
請求件数	5354件 （2021年）	1322件 （2022年）	97件 （2022年）	訴訟件数（約80件） の75%
成功率	約70% （拒絶理由採用）	約10%[*2] （取消決定）	約20%[*2] （無効審決）	約50%[*3]
不服申立	できない	できない	知財高裁に提訴	知財高裁に提訴

＊1　特許されたあとでも提供可能（特許法施行規則第13条の3）.
＊2　一部の請求項のみの取消または無効を含む.
＊3　特許の有効性について判断した件（約50%）の内数.

できるといえます．あくまで情報を提供するだけで審理に関与することはできません が，審査の進捗に応じて何度でも提出することができます．

　実際，提供された情報の70％ほどが拒絶理由通知に採用されるようです．2021 年には5354件提出されており，かなり活用されています．

② 異議申立（特許法第113条）

　特許公報の発行から６月のあいだに，異議申立をして特許の取消を求めること ができます．誰でも申立可能ですが，実在の人物である必要があるため，無関係 の他人の名義を借りて「ダミー名義」で申立てる場合が多数を占めています．

　申立を受けて特許権者が権利範囲を訂正した場合には，それに対して異議申立 人がさらに反論することもできます．しかし，異議決定（特許維持の決定）に対 して不服を申し立てることはできません．

　2022年には1322件の異議申立がありました．一旦特許されたものを覆すわけで すから，取消（一部請求項の取消を含む）になる割合は低く，約10％です．

③ 無効審判（特許法第123条）

　特許されたあとでも，いつでも無効審判を請求することができます．ただし， 請求人には利害関係が要求され，面と向かって議論する口頭審理もあり，特許権 者と直接争うことになります．警告を受けていたり，裁判で争っていたりする相 手方の特許権を無効にするために請求するようなケースが多いです．

　無効審判の請求件数は少なく，2022年はわずか97件でした．また，無効（一部 請求項の無効を含む）になる割合も約20％と低く，気楽に請求できるものではあ りません．

④ 無効の抗弁（特許法第104条の３）

　①〜③までは特許庁での行政手続における方策でしたが，④は裁判所での司法 手続における方策です．特許権侵害訴訟を提起された被告は，無効の抗弁，つま り原告が請求の基礎としている特許が無効とされるべきだという旨を裁判中に主 張することができます．訴えられてからの主張ですから，かなり追い詰められた 状況といえます．

　訴訟件数は，2014〜2021年までの８年間で平均して約80件／年と，多くありま せん．そのうちの75％で「その特許は無効だ」と被告が抗弁しています．訴えら

れたほうも黙ってはいないということです．権利範囲に属さないと判断された場合などでは特許の有効性まで審理する必要がないので，無効の抗弁を主張した全件の有効性が審理されるわけではありませんが，有効性を審理したもののうち約50％が無効だと判断されています．追い詰められた被告が結構頑張っているといえます．

　相手方の特許出願が特許査定される前であれば，情報提供するのがよい場合が多いでしょう．問題となる公開公報を見つけたら審査経過を監視し，審査の流れを追いかけながら適切なタイミングで審査官に情報を提供していくのが理想的です．情報提供されたことに触発された特許出願人が分割出願をして審査への係属を長引かせる場合があったりするので，登録を待って異議申立をする場合もあります．

　一方，無効審判のハードルはかなり高いので，特許公報が発行されてから6月経過してしまうと，無効化は困難になってしまいます．障害特許の存在に早く気づくことが大事です．

❶警告を受けてしまったら

　さて，特許権者から「特許権侵害だ」との警告を受けてしまったら，どうすればよいのでしょうか．その場合の作業の流れを図22.1に示します．以下に示すような事項を検討しながら作業を進める必要があるでしょう．警告書には回答期限

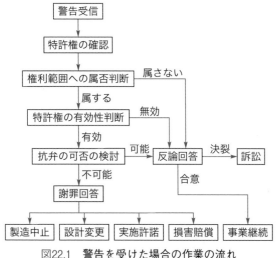

図22.1　警告を受けた場合の作業の流れ

が記載されていることが多いので，迅速に検討しなければなりませんが，検討に
時間を要する場合には，期限を延長してくれるよう期限内に連絡すればよいと思
います．

① 特許権の確認

まずは特許権を確認します．「特許情報プラットフォーム」などの特許検索サ
イトに入り，特許公報をダウンロードするとともに，特許権者の名義などの登録
情報や審査経過も確認します．そのうえで，特許登録原簿の閲覧を請求して登録
状況を確認するのが確実です．

② 権利範囲への属否の判断

相手方の特許権が確認できたら，警告書中に記載されている自社製品が，その
特許請求の範囲に含まれるかどうかを検討します．これは，第21講で説明した，
特許権者が行うべき検討と立場は逆ですが同じ作業です．属さなければ，その旨
を回答します．

③ 特許権の有効性の判断

特許権が無効にされるべき理由があるかどうか検討します．これもまた，第21
講で説明した，特許権者が行うべき検討と立場は逆ですが同じ作業です．結局の
ところ，特許権者と実施者との争いは，「属否」と「有効性」に尽きるのです．
無効にすべきものであれば，その旨を回答します．また，前項で説明した無効審
判の準備を進めてもよいでしょう．

④ 抗弁の可否の判断

実施行為が権利範囲に属していたとしても，権利行使を逃れる抗弁ができる場
合があります．その代表的なものに先使用の抗弁（特許法第79条）があります．
特許出願の前から事業を実施していた者が，そのあとに特許出願した者によって
事業を停止させられたのでは酷なので，その事業を継続実施できる実施権（先使
用権）が認められます．

ただし，先に実施していたことの立証責任は実施者にあるので，客観的な証拠
がなくて先使用権が認められなかった場合には，自ら侵害行為を行っていたと主
張しただけになるおそれがあります．したがって，先使用権の主張は慎重にする

必要があります.

⑤ 反論を回答

　前記②〜④のいずれかの主張ができる場合は，回答のなかで反論します．それを相手方が納得してくれれば一件落着であり，そのまま事業を継続することができます．しかし，相手方が争ってきた場合には，交渉することになります．両者が合意できれば和解となりますが，折り合わなければ訴訟に進むこともあります.

⑥ 謝　罪

　前記②〜④の主張ができないのであれば，相手の訴えを認め，回答のなかで謝罪するしかありません．違法行為である侵害行為を継続するわけにはいかないので，なんらかの手を打つ必要があります．まずは該当する製品の製造を中止したり，設計変更したりして，権利範囲に属する製品の製造を停止する方策が考えられます．また，そのまま実施したい場合には，特許権者に実施許諾を求めることもできますが，相手次第ですし条件にもよります．さらに，過去の実施分に対して損害賠償を求められることもありますし，生産設備の廃棄や謝罪広告まで求められる場合もあります．謝罪する場合であっても，両者が折り合えなければ訴訟に進むことがあります.

　いずれにしても，やられっ放しでは押し込まれるだけなので，属否や有効性についてなんとか少しでも主張しながらうまく謝って，よい条件で収めたいものです．負け戦ほど知恵が必要なのです.

🔴 備えあれば憂いなし

　相手方の特許を無効化しようとするのであれば，情報提供か異議申立で対応したいところです．そのためには，問題特許の存在をできるだけ早く認識する必要があります．公開公報や特許公報を定期的に検索するなどして，問題特許の早期把握に努めることが重要です.

　相手方から攻められて製造中止になるくらいであれば，最初から製造しないほうがよいわけですし，設計変更しなければならないのであれば，最初から権利範囲外の製品を製造しておけばよいわけです．いずれにせよ，事業化の判断のときに障害特許の把握が不十分だと痛い目に遭います（休憩時間参照）.

　第21講では，特許権侵害に対抗する特許権者の立場で解説し，その際のまとめ

で「急いては事を仕損じる」と書きましたが，今回は逆の立場です．今回もことわざで締めるのであれば「備えあれば憂いなし」といったところでしょうか．

☕ 休憩時間　守れる知財部門

　本書で説明してきたように，特許出願の手続は複雑ですし権利期間も長期間にわたりますので，多くの会社では特許管理のために知財部門を設けています．その業務の大半を占めるのは，特許権の取得作業とその維持管理であり，保有する権利を活用して会社の利益に貢献することが目的です．これらの業務はいわば「攻め」の知財業務です．

　一方，知財部門には本講のテーマのような「守り」の業務もあります．事業部が新製品をだそうとして前のめりになっているところを引き留めることもありますから，場合によっては嫌われる役どころですが，新製品にゴーサインをだすかどうかの経営判断に影響を与えるきわめて重要な業務です．新製品の製造を開始するに当たって障害特許の有無を調査して検討する作業は，知財部門としても責任が重くたいへんですが，会社が違法行為をしてしまうことを防いだり，本文でも説明したように，製造を開始したあとになって製造中止や設計変更に追い込まれたりするのを事前に防がねばなりません．

　このような「守り」の知財業務をしっかりできるかどうかが，その会社の知財部門の総合力のバロメーターになると私は考えています．「攻め」の知財業務は日常業務であり，どの会社の知財部門でもそれなりにうまくやっていますが，「守り」の知財業務を的確に遂行できるかどうかは会社によると思います．優れた知財部門は，最悪の事態を避けるリスク回避のためのブレーキ装置としても機能します．本当によい自動車は，よく走るだけではなく，よく停まる高性能なブレーキを備えているということです．

第㉓講　ライセンス契約について

関連するホーリツ

特許法

第68条（特許権の効力）

特許権者は、業として特許発明の実施をする権利を専有する。ただし、その特許権について専用実施権を設定したときは、専用実施権者がその特許発明の実施をする権利を専有する範囲については、この限りでない。

第77条（専用実施権）

第1項　特許権者は、その特許権について専用実施権を設定することができる。

第2項　専用実施権者は、設定行為で定めた範囲内において、業としてその特許発明の実施をする権利を専有する。

（第3項以下略）

第78条（通常実施権）

第1項　特許権者は、その特許権について他人に通常実施権を許諾することができる。

第2項　通常実施権者は、この法律の規定により又は設定行為で定めた範囲内において、業としてその特許発明の実施をする権利を有する。

独占禁止法

第21条（独占禁止法と特許法等との調整）

この法律の規定は、著作権法、特許法、実用新案法、意匠法又は商標法による権利の行使と認められる行為にはこれを適用しない。

　特許権は，特許された発明を独占実施できる権利です（特許法第68条）．したがって，特許権者は特許発明を事業として独占的に実施して利益を得ることができます．一方，特許権者は特許発明を他人に実施させることも可能であり，実施権を与えることを実施許諾（ライセンス）するといいます．特許権者と実施権者は，実施許諾の条件を定めるために，通常はライセンス契約を結びます．今回は，このライセンス契約について説明します．

❶ 実施権許諾の方法

　特許権者が実施権を許諾する方法を図23.1に示します．代表的な実施権許諾の

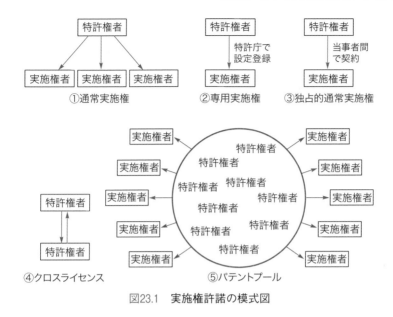

図23.1　実施権許諾の模式図

方法としては①～⑤があり，状況に応じて適切な方法を選択して契約を結びます．化学の分野であれば，通常は①か③の方法をとる場合がほとんどだと思います．

① 通常実施権

　特許法第78条には，特許権者が他人に「通常実施権」を許諾できることが規定されていて（第1項），通常実施権者は特許発明を実施する権利を保有します（第2項）．

　通常実施権は，当事者どうしで取り決めれば発生し，特許庁への登録は不要です．また，複数の実施権者に対して実施権を許諾することもできます．通常実施権は「発明を実施しても特許権者に文句をいわれない権利」だと考えればよく，ほとんどのライセンス契約は法律的にはこの権利を発生させています．

② 専用実施権

　特許法第77条には，特許権者が「専用実施権」を設定できることが規定されていて（第1項），専用実施権者は特許発明を独占的に実施する権利をもちます（第2項）．専用実施権を与えるには特許庁への設定登録が必要であり，登録された専用実施権者は侵害者を訴えることもできます．

③ 独占的通常実施権

1社だけに独占的にライセンスしたいけれども，特許庁に専用実施権を設定登録して，その内容が第三者に知られるのも気が引けるというようなときに，「独占的通常実施権」を許諾します．法律的には通常実施権なのですが，当事者どうしで独占契約にすることによって専用実施権を設定したのと類似した効果が得られます．こちらのほうが専用実施権よりも広く利用されています．

④ クロスライセンス

企業どうしが互いに相手の特許発明を実施したいときに，相互にライセンスし合うのがクロスライセンスです．電機業界など，多くの部品を組み合わせて製品を製造するような業界では，自分の会社の特許だけでは製品をカバーしきれないことが多いことから，クロスライセンスが多用されます．

⑤ パテントプール

情報処理などの技術分野では，たとえば動画圧縮方式の標準規格であるMPEGのように世界共通の技術標準を定めることがあります．

このような技術に関しては，通常，関連特許が多数あり，特許権者も多数いるので，すべての特許の実施許諾を得るために個別に交渉していたのではたいへんです．そのため，多数の特許をまとめて管理する団体を設けて，適切なライセンス料で包括的に実施許諾できるようにします．このようなしくみをパテントプールといい，これを用いて標準化された技術を広く普及させることができます．

❶ ライセンス契約で取り決める事項

次に，ライセンス契約を結ぶ際に取り決める事項を説明していきましょう．ライセンス契約書のひな形は簡単に入手できます．たとえば，特許庁関連の独立行政法人であるINPITのウェブサイトで提供されている「知っておきたい知的財産契約の基礎知識」には，ライセンス契約書の標準的なひな形とその解説があり，とても参考になります．

しかし実際のライセンス契約では，それぞれに個別の事情があることが多く，ひな形どおりではなかなかうまくいかないものです．以下，おもな取り決め事項について説明します．

① 対象特許

まずは，ライセンス対象の特許番号を記載して，特許権を特定します．このとき，実施権者の事業の実施に必要な複数の特許権をまとめて包括的なライセンス契約とすることもできます．また，審査が決着していない特許出願を対象にすることや，海外ビジネスを考慮して外国特許を対象にすることもできます．実施権の許諾を受ける際には，実施予定の事業内容を十分に検討して，対象特許を漏れなくピックアップすることが大切です．

② 実施権の種類

前項で説明した通常実施権，専用実施権，独占的通常実施権のいずれを許諾するのかを決定します．実施権者に独占権を与えてしまうと，その後，同じ範囲で他人に実施権を許諾することができなくなりますので，独占的な実施権の付与についてはとくに慎重に検討して決定すべきです．

③ ライセンス範囲

特許権の全範囲をライセンスする必要はなく，特定の構成や用途だけに限定してライセンスをすることが可能です．また，期間や実施地域を限定してライセンスすることも可能です．ビジネスの実施状況に適した範囲でライセンスすることができます．

④ 実施料（ロイヤリティ）

特許権者が受け取る実施料を決めます．一定額とすることもできますし，売上金額や数量に対して所定の割合で金銭を受け取る「ランニング・ロイヤリティ」を設定することもできます．また，契約時の頭金とランニング・ロイヤリティを併用することもよくあります．実施料の金額は，特許権者と実施権者の両方が納得できるものであればよいのですが，算出方法や支払い方法を細かく規定しておかないと，あとで争いの元となります．実施料については休憩時間で解説します．

❗ ライセンス契約時の注意点

① 独占禁止法との関係

独占禁止法の第21条では，「特許法による権利の行使」には独占禁止法が適用されないと規定されています．独占禁止法では，公正かつ自由な競争を促進する

ために私的独占を禁じていますが，特許法による独占行為はその例外とされているのです．

　しかし，「特許法による権利の行使」を逸脱した行為に対しては独占禁止法の効力が及ぶので要注意です．たとえば，実施権者の販売価格を制限したり，実施権者が発明した改良発明を特許権者に帰属させたりするような条項をライセンス契約書に盛り込んでも，通常は独占禁止法違反となって無効にされてしまいます．

　特許法と独占禁止法とは，真逆の取扱いをする法律なので，その境界領域では注意が必要です．とくにライセンス契約において問題になるケースが多く，境界領域のグレーゾーンも広いので要注意です．公正取引委員会がウェブサイトで「知的財産の利用に関する独占禁止法上の指針」を公表していますので，ライセンス契約前に確認しておきましょう．

② 公的機関によるライセンス契約

　大学などの公的機関は，通常は自ら事業を実施することがないので，特許発明を自己実施して活用することはなく，民間企業へのライセンスによって活用する場合がほとんどです．

　大学の先生には，「私は研究成果が世の中に広がってくれればそれでよく，実施料などにはあまり興味がありません」という考えの方がたくさんいます．そのような先生方は，ライセンス契約の細かい規定にはあまり興味を示されません．けれども，技術移転して実用化を目指すのであれば，その確率を少しでも上げられるライセンス契約を目指したいものです．たとえば，企業は独占的実施権の許諾を求めることが多いですが，できれば独占的な契約を避けて間口を広げておくことが望ましいです．また独占契約する場合でも，用途を狭くしてほかの用途には別の実施権を設定できる余地を残したいところです．さらに，頭金やミニマム・ロイヤリティ（休憩時間参照）を設定して，事業化のインセンティブを向上させることも重要です．

●

　以上説明しましたように，ライセンス契約をする際にはあれこれと検討すべきことがあります．想像力を逞しくして，特許発明をビジネスとして実施する状況を具体的にイメージし，適切な利益が得られるように取り決めることが重要です．

☕ 休憩時間　実施料について

「中務さん，ライセンスの実施料率は普通どのくらいですか？」と，顧客からよく聞かれます．それに対しては，「まあ，売上の３％とかいいますけど，ケース・バイ・ケースですよ」と答えています．

医薬品のように製造原価に比べて販売価格が高く，利益率が高い商品の実施料率は高くなるでしょうし，薄利多売の商品の実施料率が高ければ商売が成り立ちません．また，売れる確信があれば実施料率は高くなるでしょうし，特別講義で説明した抗がん剤の「オプジーボ®」のように，実現可能性を見通すのが難しい商品であれば低くなるでしょう．結局のところ，両者が折り合えた料率が，契約時点での適切な料率だったというしかありません．なお，「相場」を把握するのに役立つ実施料率の実態調査については，経済産業省ウェブサイトに「知的財産の価値評価を踏まえた特許等の活用の在り方に関する調査研究報告書」が公表されています．

頭金は，受け取ったほうがよい場合が多いでしょう．ランニング・ロイヤリティだけだと，契約をしても実施権者が実施しない可能性が高くなります．無償で「やりたくなったらいつでもできる権利」を得て，事業の自由度だけを確保されるおそれがあります．

また，独占的な契約にする場合には，非独占的な場合よりも実施料率を高く設定し，さらに最低実施料（ミニマム・ロイヤリティ）を設定することが多いです．独占的実施権者が実施しないにもかかわらず，第三者への実施権の設定ができないのでは，特許権の維持費用がかかるだけです．

そして，実施料率に関して一番大きな影響があるのは，実は「分母」をどう設定するかです．「売り上げの３％」といっても，製品価格の３％と部品価格の３％では大違いです．発明が製品全体に寄与しているのか，部品にのみ寄与しているのか，発明の本質をどう捉えるかが重要になります．

こうしてあれこれと考えながら実施料を決定する交渉を進めて，条件のよい実施料を目指すことになります．とはいえ，契約後には長期間にわたって付き合いが続きますので，お互いに得をする料率にすることが肝要であり，一方だけが不当に儲かる料率では，あとあとうまくいかないものです．

特 別 講 義 ④

特許関係の仕事
―意外と身近な特許のお仕事―

　最後の特別講義として，特許に関係する仕事について紹介したいと思います．実は，みなさんが想像されているよりも多くの人が，特許に関係する仕事に就いています．以下，特許を扱う仕事について紹介します．

❶ 特許関連の仕事に従事する人の数

　表1に特許関連の仕事とその仕事に従事する人の数をまとめてみました．まずは，私のような弁理士が11,803人いて，そのうち8293人が特許事務所で働いています．そして特許事務所は，弁理士の人数以上にほかのスタッフを抱えていることが多いので，合計で数万人は特許事務所で働いていると考えられます．また，特許庁のアンケート調査によれば，企業内の知財担当者の人数は43,942人と推定されていて，このなかには2911人の弁理士も含まれています．さらに，特許庁の審査官・審判官の定員は2267人です．

　そのほか，知財をおもに扱う弁護士や裁判官，特許翻訳者，特許調査，特許情報データベースの提供，特許管理ソフトウェアの提供，特許図面作成など，特許に関連する仕事は多岐にわたっています．かなり大雑把な推測ですが，特許関連の仕事に携わっている人は国内に7～8万人くらいはいると思っています．国立

表1　特許関連の仕事と従事する人数

知財関連の仕事	人数
弁理士	11,803人[*1]
特許事務所スタッフ	（弁理士より多い）
企業知財担当者	43,942人（推定）[*2]
特許庁審査官・審判官	2,267人[*3]
知財専門裁判官	32人[*4]
知財専門弁護士	（知財専門裁判官より多い）
特許翻訳者	＞1,000人（推測）
国立大学教員（参考）	64,966人[*5]

＊1　2023年4月30日現在．　＊2　2020年度推定値（特許庁：特許行政年次報告書2022年版）．
＊3　2022年度定員．　＊4　裁判所HPの担当裁判官一覧からカウント（2023年4月1日現在）．
＊5　2022年度（文部科学省国立大学法人支援課調べ）．

大学の教員数が64,966人ですから，理系の方であれば，国立大学の教員になるよりも，特許関係の仕事に就く可能性のほうが高いのではないでしょうか．

❗弁理士という職業
① 弁理士の仕事
　弁理士のおもな業務は特許庁への手続の代理です．さらに，特許庁の処分を不服とする行政訴訟の代理人になることも可能ですし，弁護士と共同であれば特許権侵害訴訟の代理人になることも可能です．このように，行政庁（特許庁）と裁判所への手続の代理をすることができますが，裁判所の仕事は少なく，特許庁への仕事がほとんどです．

　特許事務所でのおもな仕事は，顧客の依頼に応じて，特許出願書類を作成して特許庁に提出し，拒絶理由通知に反論しながら特許権の取得を目指すというものです．また，外国に特許出願する場合には，その国の特許事務所に手続きを依頼し，現地の弁理士と顧客のあいだを橋渡しします．書類作成の時間が長いのですが，顧客である企業知財部や発明者と議論しながら作業を進めますので，コミュニケーション能力も必要です．顧客からの信頼に基づいて未公表の新技術を教わり，顧客の利益のために行動する仕事です．

②「技術」，「法律」，「語学」
　弁理士の仕事についてよくいわれるのが，「技術」，「法律」，「語学」についての知識や能力を生かした職務だということです．「文系的センスが要求される国際的な理系の仕事」といったところでしょうか．

・「技術」　発明する能力までは要求されませんが，説明を受けて発明の本質を的確に把握できなければなりません．したがって，企業や大学の研究者と議論できる程度の専門知識が必要です．
・「法律」　特許法などの法律に基づいて財産権を取得し，それを法的に活用できるよう顧客を助けるのが仕事ですから，関連する法令や条約についての知識が必要です．
・「語学」　顧客企業が外国出願を希望する際には，その国の特許事務所に特許出願の代理を依頼します（第17講参照）．また，外国の特許事務所から日本出願を依頼されて代理することもあります．したがって，外国の特許事務所と確実な意思疎通ができる程度の英語力が必要ですし，明細書の技術英文の内容を確

認できることも必要です.

❗ 弁理士だけじゃない，特許に関連した仕事
① 特許事務所で働く

　特許事務所には，弁理士以外にも特許技術者と事務スタッフが所属しています. 特許技術者は，明細書作成や特許調査などで弁理士を補助しており，その多くが弁理士試験に向けて勉強中です. 事務スタッフは，特許庁や顧客への通信書面を整え，外国代理人と事務通信を行い，各種の手続期限を管理します. 正確な事務処理能力が要求される職務であり，特許事務所の屋台骨を支えています.

② 企業の知的財産部で働く

　前述のように，企業内にはおよそ4.4万人もの知財担当者が在籍していると推定されています. 知財部は技術系スタッフが多く，一般に異動が少なく，専門職的な色彩が強い部署だといえます. 内外国特許出願，特許事務所への依頼，発明の奨励，特許調査，鑑定，特許教育，事件管理など，さまざまな知財関連業務を行って研究開発や企業経営をサポートします.

③ 特許庁の審査官・審判官になる

　国家公務員総合職試験（技術系）の合格者が官庁訪問を経て採用され，東京・霞が関の特許庁に勤務して特許出願の審査をします. 2023年度の採用は42人で，そのうち化学系はせいぜい10人程度でしょう. また，第16講の休憩時間でも紹介しましたが，前記の総合職試験を経ない任期付審査官もいます.

❗ 特許の仕事の醍醐味

　研究開発ではテーマを絞り込んで深く掘り下げるのに対し，特許業務では化学の範疇に入る発明であれば幅広く取り扱いますので，広くさまざまな知識を得ることができます. また，研究がうまくいって成果（発明）がでたときに相談を受けるので，楽しく打ち合わせることができ，技術談義が好きな人向きの仕事といえるでしょう. そして，実験結果と先行技術を検討して，どのような請求項を作成するか，拒絶理由通知に対してどのように反論するか，論理的な思考能力が要求されます. その結果，思惑どおりに特許されるとうれしいものです. 研究開発とは異なり，特許の審査では短時間で白黒がはっきりするので，よいモチベーションになります. そして何より，顧客に感謝されたときに充実感が得られます.

用語索引

【欧 文】

EPC	*110*
PCT	*106*
PCT出願	*106*
UP	*111*
UPC	*111*

【あ】

異議申立	*141*
育成者権	*10*
意見書	*98*
意匠権	*9*
医薬発明	*125*
医療行為	*121*
営業秘密	*10, 12*
欧州単一効特許	*111*
欧州特許条約	*110*

【か】

下位概念	*26*
外国特許出願	*102, 109*
過失の推定	*133*
技術的範囲	*69*
強制実施権	*124*
共同出願	*59*
——契約	*63*
共有特許	*61*
拒絶理由通知	*98*
クレーム	*69*
クロスライセンス	*148*
警告	*135*
契約自由の原則	*63*
減縮補正	*91*
権利一体の原則	*70*
権利調査	*50*
権利範囲への属否	*134, 143*
広域特許	*110*
公開公報	*48*
工業所有権	*13*
国際公開	*106*

国際出願	*106*
国際調査	*106*

【さ】

裁判上の和解	*137*
差止請求権	*133*
サポート要件	*53, 86*
産業財産権	*13*
産業上利用	*120*
ジェネリック医薬品	*130*
自然法則の利用	*4*
実験データ	*53, 126*
実施可能要件	*56, 84*
実施料	*149, 151*
実用新案権	*8*
主引用発明	*30, 36*
従属請求項	*79*
出願	
——人	*44*
PCT——	*106*
外国特許——	*102, 109*
共同——	*59*
共同——契約	*63*
国際——	*106*
特許——	*42*
種苗法	*10*
上位概念	*26*
商号	*12*
商標権	*11*
商品等表示	*12*
情報提供	*140*
職務発明	*45*
新規性	*18, 23*
新規性喪失の例外	*22*
審査官	*101*
審査基準	*23*
審査請求	*97*
審査手続	*96*
進歩性	*28, 35*
数値限定	*26*
請求項	*69*
製造方法	*73, 77*
設計変更	*32*

先行技術調査　50
先使用権　77, 143
選択肢　26
専用実施権　147
創作　5
阻害要因　32
損害賠償請求権　133

【た】

第二医薬用途　127
代理人　108
知的財産権　7, 13
知的財産高等裁判所　100, 137
知的所有権　13
著作権　9
地理的表示　12
通常実施権　147
手続補正書　99
天然物　5
統一特許裁判所　111
動機づけ　36
当業者　29, 56
独占禁止法　3, 149
独占実施権　132
独占の通常実施権　148
独立請求項　81
特許
　——協力条約　106
　——権　8
　——権侵害　132
　——権侵害訴訟　135, 138
　——権の有効性　135, 143
　——公報　49
　——出願　42
　——請求の範囲　68, 73, 78
　——制度　2
　——調査　49
　——独立の原則　103, 109
　欧州単一効——　111
　欧州——条約　110
　外国——出願　102, 109

　共有——　61
　広域——　110
　統一——裁判所　111
　メディカル関連——　120

【な・は】

除くクレーム　27
発明　4
　——者　44
　——のカテゴリー　73, 80
　——の完成　42
　——の単一性　81
　医薬——　125
　主引用——　30, 36
　職務——　45
　ビジネス関連——　4
　副引用——　31, 36
　用途——　26, 112, 129
　利用——　71
パテントプール　148
パリ条約　103
ビジネス関連発明　4
品種登録　10
副引用発明　31, 36
不正競争防止法　10, 12
不服審判　99
保護と利用　3

【ま・や・ら】

無効審判　141
無効の抗弁　141
明確性要件　56, 87
明細書　83, 89
メディカル関連特許　120
優先権　104
有利な効果　32, 38, 90
用途発明　26, 112, 129
ライセンス契約　146
利用発明　71

条文索引

【特許法】

1条（特許法の目的） 2, 7, 83, 89
2条1項（「発明」の定義） 2
2条3項（「実施」の定義） 73
29条1項柱書（産業上利用可能性） 120
29条1項柱書（特許を受ける権利） 42
29条1項各号（新規性） 18, 23
29条2項（進歩性） 28, 35
30条（新規性喪失の例外） 18
35条（職務発明） 42
36条4項（明細書の記載要件） 53, 83, 89, 125
36条5項（請求項の記載要件） 68, 78
36条6項（請求項の記載要件） 53, 83, 89, 125
37条（発明の単一性） 78
38条（共同出願） 59
48条の3（出願審査請求） 96
49条（拒絶査定） 96
50条（拒絶理由通知） 96
51条（特許査定） 96
64条（出願公開） 47
66条（特許権設定の登録） 47
68条（特許権の効力） 68, 73, 132, 146
69条3項（特許権の効力が及ばない範囲） 120
70条（特許発明の技術的範囲） 68
73条（共有特許権） 59
77条（専用実施権） 146
78条（通常実施権） 146
79条（先使用権） 73, 139
93条（公共の利益のための裁定） 120
100条（差止請求権） 132
102条（損害額の推定） 132
103条（過失の推定） 132
104条の3（特許無効の抗弁） 139
113条（特許異議の申立て） 139
121条（拒絶査定不服審判） 96
123条（特許無効審判） 139
178条（審決に対する訴え） 96

【特許法施行規則（経済産業省令）】

13条の2（情報の提供） 139

【商標法】

1条（商標法の目的）　　　　　　　　*7*

【著作権法】

1条（著作権法の目的）　　　　　　　*7*

【独占禁止法】

1条（独占禁止法の目的）　　　　　　*2*
21条（特許法等との調整）　　　　*2，146*

【民　法】

521条（契約の自由）　　　　　　　　*59*
709条（不法行為による損害賠償）　　*132*

【パリ条約（Paris Convention）】

1条（2）（保護の対象）　　　　　　*7*
4条（優先権）　　　　　　　*102，109*
4条の2（特許の独立）　　　　*102，109*

【特許協力条約（Patent Cooperation Treaty）】

11条（国際出願の効果）　　　　　*102*
15条（国際調査）　　　　　　　　*102*
21条（国際公開）　　　　　　　　*102*
22条（指定官庁への手続）　　　　*102*

【欧州特許条約（European Patent Convention）】

53条（特許性の例外）　　　　　　*125*
64条（欧州特許による権利）　　　*109*
66条（欧州出願の効力）　　　　　*109*

■ 著者略歴

中務　茂樹（なかつかさ　しげき）
1987年　京都大学大学院工学研究科工業化学専攻修士課程修了
1987〜2000年　株式会社クラレ
　　　　　　　　（高分子化学の研究開発を経て知的財産部）
1999年　弁理士登録
2001〜2008年　森特許事務所
2008年　せとうち国際特許事務所設立
現在　弁理士法人せとうち国際特許事務所　代表社員弁理士
　　　岡山大学非常勤講師
　　　知的財産高等裁判所等専門委員

本書の感想を
お寄せください

化学研究者のためのやさしくて役に立つ　特許講座

2023年 8 月15日　第 1 刷　発行

著　者　中　務　茂　樹
発行者　曽　根　良　介
発行所　（株）化　学　同　人

検印廃止

〒600-8074 京都市下京区仏光寺通柳馬場西入ル
編集部 TEL 075-352-3711　FAX 075-352-0371
営業部 TEL 075-352-3373　FAX 075-351-8301
　　　　　振　替　01010-7-5702
e-mail　webmaster@kagakudojin.co.jp
URL　https://www.kagakudojin.co.jp

印刷・製本　西濃印刷（株）